一生守候

马　季著

UNITY PRESS
團结出版社

图书在版编目（C I P）数据

一生守候 / 马季著. -- 北京 : 团结出版社,
2007.03（2021.8 重印）
ISBN 978-7-80214-266-4

Ⅰ. ①一… Ⅱ. ①马… Ⅲ. ①马季（1934～2006）—
自传 Ⅳ. ①K825.78

中国版本图书馆 CIP 数据核字(2007)第 007029 号

出　版：团结出版社
（北京市东城区东皇城根南街 84 号　邮编：100006）
电　话：（010）65228880　65244790（出版社）
（010）65238766　85113874　65133603（发行部）
（010）65133603（邮购）
网　址：http://www.tjpress.com
E-mail：zb65244790@vip.163.com
tjcbsfxb@163.com（发行部邮购）
经　销：全国新华书店
印　装：天津盛辉印刷有限公司

开　本：170mm×230mm　16 开
印　张：16.5
字　数：178 千字
版　次：2007 年 3 月　第 1 版
印　次：2021 年 8 月　第 2 次印刷

书　号：978-7-80214-266-4/K·404
定　价：48.00 元

马季摄于上世纪 90 年代中期

是侯先生段子中精典之作，不论风格、趣味、效果都是代表作品。我特别喜欢，对我来说，特别像这个段子一样使我受以一生受益。我对这个段子有一天想和侯先生吐露心迹，他的回答是：先把字句的基本功练会。所以我每星期到北京戏校找老师学习形体，半年后我又提出了排戏到学校的申请，侯先生当时只是应付地说：那天我把本子给你找来。第二天我就把默写的册子送给他，他看过后，连每个标点符号都没错，他惊讶地问我：这本子哪来的？我说：我是听您演出时记下来的。侯先生看到了我的认真，决定同意了我的请求，同意我抽时间向郭启儒郭全宝二位排练，去看着点，那还是侯先生的考察节目，在我演出还不会让我演这个段子

马季书稿手迹

马季与夫人（中）、儿子马东（左）在北京家中

马季与儿子马东 1991 年在香港

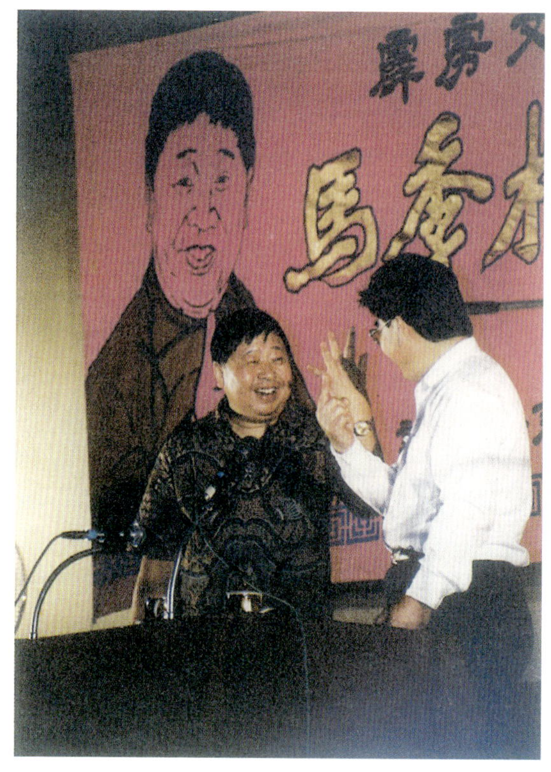

马季与王金宝上世纪九十年代在马来西亚讲课

马季与老师侯宝林 1982 年在香港

上世纪九十年代中期在马来西亚参加慈善活动

马季与夫人于波 1985 年在深圳

马季与爱犬“黑虎”在北京家中

2006 年 12 月 7 日至 13 日拍摄电视剧《旗袍》中的剧照

写在前面的话

马东

这是一本准备了很长时间的书稿，接近完成时，却在2006年12月20日早晨戛然而止。书稿还摆放在书桌上，批注和修改只完成了一部分，那些红色的字迹也成了父亲的绝笔，永远印在我的记忆中。

几年以前，父亲可能是觉得老之将至，而又心有不甘，开始愿意接受各种节目的访问，说些陈年往事，悦己娱人。我一直惊叹于他的记忆力，能够携带那么多细节穿越岁月烟尘，张三的容貌、李四的眼神、王五说话嘴里的零碎儿……被他细细道来，感觉有时文字之于语言就像化石之于恐龙，剩些横七竖八的轮廓，而历史不过是博物馆，打死也看不见恐龙的表情。出于好奇，也是职业病，我会提些问题。或者时间充裕，就陪他聊聊当年的那些事儿——假设这样了，结局会不会是那样？答案往往有些宿命，谁也无法跨越性格、环境和时代，倒是让我在这种讨论中长了见识。父亲曾经想让我记录下这些故事，连同我们的对话，一起保留下来。我没敢答应，一是热衷名利，营营苟苟身不由己；二是血缘亲情会阻断我的理性，半途而废是看得见的。

半途而废不是父亲的性格，他开始物色人选，整理记忆。很多朋友帮忙，第一人称第三人称出了几稿，光是自己对着自己的录像就留下了几十个小时。作为一个艺术家，他到底想留下些什么样的文字，向这个世界交待他丰富多彩的一生？作为一个亲历者，他心中到底有多少沟壑迂回，埋藏着50年来风云变幻的影像底片？作为一个出人头地的“名人”，他到底承受了多少善意、恶意、有意、无意和随意的理解、误会、褒奖与中伤？天假以年，这本书其实会给读者带来更多。

今天大家看到的这本书，是根据他晚近的口述整理而来，因为尚未修改完成，我也不能知道他是否满意。同样因为人类记忆的特殊性，我更不敢说这就是历史全貌，但是历史是可以被真实记录和解读的吗？“文章自有命，不仗史笔垂”。父亲有知，看着身后哀荣极致，凛凛寒风中成千上万素不相识者送别的场面，和同行、弟子、朋友们哀绝的泪容，一定会给他带去最后的温暖。

《一生守候》这个书名是父亲事先定好的，12月18日还和编辑说好要自己题写。看着现在封面上工整的印刷体，我心里别扭，好像生怕他生动的一生只是被工整的书写……

2007年1月20日晚于家中

目　录

上　部

下 部

上部

第一章 我的少年时光

相声的启蒙

我出生在北京，原名叫马树槐。

追溯与相声结缘的缘由，要从我的一位小学同学说起。

小学时我在北京的西皇城根小学读书。第一次接触相声，是在我上小学四年级的时候，那时我不到10岁。我的班长叫吴常坤，他和相声世家常家是亲戚。有一天放学，他问我："马树槐，你想听相声吗？"我说想。就跟他到西单商场旁的启明茶社听相声。

启明茶社是著名相声艺人常连安所开，常家是相声世家，常家几代相声演员经常在此演出，它也可以说是一所优秀的相声学校，为相声艺术培养了第一批传人。

少年时期的马季

吴常坤每天放学后到茶社帮着收牌。那时候实行零打钱，一毛钱买五个小竹牌，可以听五段相声。每个段子说完，台下喊一声“好咧”！就有几个人出来收一个牌。有的观众特别喜欢某一个段子，就会多给牌，收牌的人大声宣叫：“这位先生赏 × 个牌儿！”算是感谢。吴常坤帮忙收牌，就把我安排在他所管辖的范围内，可以不要牌。

我第一次听相声就被它深深迷住了：怎么有这样好的东西？

比如，《卖布头》说的都是生活中的事情，街头巷尾的叫卖声在演员嘴里一下子具有了神奇的魅力，一件寻常事，通过演员的表演变得妙趣横生，让你大乐。那时候，“小蘑菇”常宝堃初露头角，跟他父亲常连安表演“数来宝”，说大同药房的寿星牌生乳灵，“生乳灵，怎么

马季的父亲

这么鲜啦，留着就喂常连安啦……”临场现挂，别提多逗啦！

相声演员真不简单，眉毛一挑，大嘴一撇，手比划几下，再唠叨几句，就能把人逗趴下。我真是羡慕极了，心想：同样一件事别人说着不逗，到他们嘴里怎么那么可乐呢？这可真叫能耐！相声演员在我的心中有着崇高的地位，按今天的话说，他们就是我少年时代的偶像！

此后，我总跟着我的班长去听相声，听了一段时间，对他们的段子《卖布头》《双簧》《当票》《拉洋片》等都耳熟能详了，但是我还是百听不厌，一有机会就如饥似渴地去听相声。我有一个表兄在北京大学读书，周末经常来我家，我就磨着他带着我们去茶社听相声。我们很快找到一个小窍门，五个牌听六段，乘人家收牌的还没喊，赶紧溜掉。

可以说启明茶社就是我的启蒙学校，我在这里得到了最早的相声艺术的启蒙，那些演员就是我的启蒙老师。此时相声艺术已经植根于我幼小的心，让我难舍难弃。

记得有一次，母亲让我去买麻酱，回来的路上，我右手高举着麻酱，学着相声名家的叫卖声。我边走边喊，把各种叫卖模仿得惟妙惟肖，招来了很多人观看。当走到一个寺庙的门前，一位老人听着，说了一声，行呀，小子。顿时，我高举的麻酱全部扣在了地上，回到家里挨了一顿臭骂。

初中二年级时，父亲去世，迫于家贫，母亲嘱托上海亲戚把我送到上海宏德织造厂学徒，那是在 1947 年。

宏德织造厂专门织造“德”字牌的枕套和台布，“宏”的就是这个“德”字牌。规模不大，连掌握技艺的师傅带学徒，统统在内，不过二十多人。厂房设在南市港中华路一条弄堂里，是一座二层小楼，上下加起来不到 200 平米，很破旧。设备也很简陋，十几台缝纫机、锁边机有气无力地转动着。楼下用砖头和木板搭了个桌子样的东西。白天作为熨布料的平台；到夜晚，就是师傅的床了。徒弟没这福分，铺张席子，睡在地上。我每天都很忙碌。早早起床，抢先提起马桶倒掉，冲刷干净放好，又忙着端起师傅的脸盆，一盆盆打好洗脸水；然后把被褥卷好，打扫屋子，擦拭桌椅，伺候师傅吃早饭。我那时聪明伶俐，手脚勤快，在师傅面前，谦恭礼貌；对小伙伴，情同手足。初来乍到，张嘴还是什么“您吃了吗”这类的京片子，斗转星移，又把“侬”“阿

马季的母亲

拉”熟练地挂嘴边了。我学习方言，速度之快，令人们惊讶。也就是在那个时候，学习了一口地道的上海话。

发行所里有几个跟我岁数差不多的学徒。傍晚，掌柜的下班回家，师傅又不在，这里就成了我们小学徒的天下。尽情嬉笑玩闹，什么劳累和屈辱，都忘得一干二净。掌柜的有台收音机，白天专供掌柜的消遣，晚上就成了我们的宝贝。我学着掌柜的架势，沙发上一靠，二郎腿一翘，半天都不挪一下窝。当时觉得收音机这玩意儿真够神的。

发行所是我们厂的门面，设在闹市区，在河南路与福州路中间，门口是一个药店，二楼等于是两房一厅，一间阁楼分成办公室、成品间和一个厨房。这里每天有两个掌柜和一个财务，有四五位在外负责联系业务，还有就是加我在内的三个学徒了。

当时，刘宝瑞先生在南京说相声，电台经常播放他的相声，还有高元钧的山东快书，同样是十分吸引我的节目。当年电影界所谓慰问“国军”，也说相声。我在收音机里听到过电影明星梅熹、石挥说的相声《打灯谜》，觉得也很有意思：

甲　衣服脏了，打一灯谜。

乙　什么呀？

甲　没洗。

乙　梅熹（没洗）？——我呀！我说一个你猜，盖房离不了他？

甲　这是谁？

乙　石灰（石挥）呀。

甲　嘿！

这时候，我听相声已不仅仅是为了消遣，而是开始模仿、学习，暗暗地把许多段子都一字不漏地背下来。

不久偷听收音机的事情暴露了，老板的一顿臭骂是免不了的。后来虽然不能听收音机了，但是我每天心里念叨的就是相声，相声已经在我心里深深地扎下了根。

一场意外的业余演出

好在学徒时间不长，后来上海解放，我被送回北京，结束了三年的学徒生涯。我回到培德中学（后来的北京三中）上初中三年级。1951 年初，宣传抗美援朝热火朝天，学校成立了宣传队，我终于找到相声实践的机会。我和班里的一个同学合说了老舍新发表的相声《新维生素》。我还自己编了相声，把我听到的相声包袱串起来，用了京剧《四郎探母》里杨延辉的那几句西皮慢板改编成“杜鲁门坐白宫，自思自量”，“我好比笼中鸟有翅难展，我好比虎离山受了孤单，我好比南来雁失群飞散……”这是我学徒时跟我的一个师兄学的，这里派上用场了，算是我的创作。没想到演出效果很好，听众的反响十分热烈。我受到了极大的鼓舞，对相声的热忱更加高涨。几个月的街头演出宣传，成就了我要当演员的机会。

1951 年 4 月份，新华书店招工，要求高中毕业以上学历，我当时上初三，加上在上海学徒间隔了三年，对学习不感兴趣。但是新华书店考试，我的成绩很好，因为出的试题都是初三课本的例题，我顺利地成为新华书店的一名营业员。

那是一段平和的时光，书店里不仅卖书，还卖期刊，一些曲艺期刊我期期不落地看。当时的一些相声名段《买猴儿》等，都刊登在期刊上，我如饥似渴地抄写、背诵。当时我只挣 27 块钱，自己留 8 块钱，其余都交给母亲。尽管这样，周末我仍然省出钱来听相声。常常是去前门外鲜鱼口的迎秋茶社听相声。在那里演出的演员后来都成了北京曲艺团的演员。我听相声简直到了着迷的地步，几达“夜以继日”的状态——即听完下午两点钟的日场，出来吃饭，再接着听晚上七点钟的夜场。在那段日子里，让我大饱“耳福”的有高德明的《醋点灯》《不离婚》，王世臣、赵玉贵的《一贯道》，赵春田的《公费医疗》，赵振铎的《八扇屏》，于世德的《八不咧》，汤金成的《口技》，高凤山的《棺材铺》。尤其难得的一次是在长安戏院欣赏了侯宝林、郭启儒大师表演的《狗腿子》，当时觉得那是最高级的艺术享受。这些相声包含有很深的文化内涵，让我在笑语中学到了知识，受到了教育，得到了美的享受，更增加了我对相声的热爱。

新华书店青年员工比较多，每逢周末，工会都举办舞会或联欢活动。我是联欢活动中的积极分子，经常上台表演节目，或者唱京剧，或者模拟丑角表演，当然，最拿手的还是相声。有时，把相声和京剧穿插在一起，又逗又唱，戏之为“杂凑”。这个时期频繁的实践活动，使我不仅有机会逐渐掌握了一些表演技巧，还使我得到了一些舞台表演的锻炼。我的相声渐渐小有名气，成为新华书店联欢会的常设节目，有时，我还代表新华书店，参加更大规模的业余汇演。

1956年年初，北京市举行工人业余曲艺观摩汇演。我代表出版印刷系统参赛，曲目是相声《找对象》，讥讽一个以貌取人的青年工人，一味追求脸蛋漂亮，恋爱变成“乱爱”。我表演的这段相声，获得了好评，因此被选拔参加全国职工业余曲艺汇演。

全国职工业余曲艺汇演，我选择的相声节目《都不怨我》参赛。《都不怨我》是北京邮局的董凤桐写的，质量很高。讽刺某些邮政工人粗枝大叶，不负责任，屡屡出错，却总是说：“都不怨我！”北京市总工会领导十分重视我们的演出，请来刘宝瑞、郭全宝两位相声大师给我们辅导了半个月。他们虽然没有理论功底，但是有着丰富的表演经验，对相声这门艺术了然于胸，每个包袱应该怎样设置，一招一式应该怎样表演，经过他们的指导，我们的段子焕然一新，效果突出。我既兴奋又紧张，刘宝瑞老师不断给我打气。

在这短短的半个月内，我逐渐对相声艺术有了更深的认识，明白了相声是什么，相声不是信口开河、逗人一乐的玩意儿，而是有着其本身发展规律、奥妙无穷的艺术，要想真正地了解它、掌握它，非下苦功不可。

汇演开始，天津代表队第一场演出。天津的相声演员虽说是业余的，其实已经达到专业水平。他们表演的《死里逃生》效果很好，观众热烈鼓掌要求再来一段，他们返场说了一段传统相声，结果，这个段子表现出的精神内涵不为观众认可，表演完，掌声稀稀拉拉。我看到这种情况，心里发毛，如果观众要求我们返场，我们只会这个段子怎么办？

北京的代表团团长和刘宝瑞老师商量，刘老师叮嘱我们如果遇到返场，就把最后一段落重说一遍，只是最后两句逗哏的说“都怨我”，改为捧哏的说：“都怨你。”逗哏的说：“你怎么知道？”捧哏的说：“你刚才说过了呀。”果然不出所料，第二天我们正式表演完成后观众要求返场，我们重复了最后一段，由于结尾出人意料，观众的掌声更加热烈。论演技，我们比天津队差很多，但我们的剧场效果好，因此得了一等奖。到场指导的中央广播说唱团团长白凤鸣、相声大师侯宝林也极为赞赏，侯先生当时高兴地问我说：“搞专业你愿不愿意啊？”我心里十分乐意，但是嘴上不敢说。

虽然没有表达出来，但我的心里一直都在梦想着有朝一日成为一名专业的相声演员。天遂人愿，1956 年 7 月 1 日，我正式调到中央广播说唱团，成为一名专业的相声演员，我的梦想实现了！那一年我 22

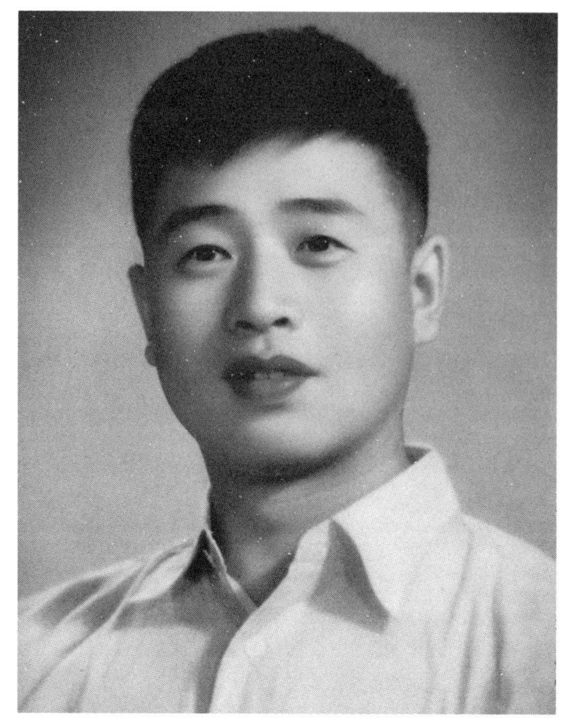

马季的青年时期

岁。我和相声艺术终于结合了，这个从少年时代起就令我着迷、让我孜孜以求的相声艺术终于成为了我的终身伴侣。

五十年来我对人生有过很多困惑，也学会了放弃，但惟独对相声的痴心从未动摇过，始终保持着热恋和追求，一直到今天仍然未改，而且，以后也不会动摇，因为我的生命已与相声融合为一体了！

第二章 我学相声的黄金时期

从我 1956 年进入专业相声演员行列到“文革”前的那段时间，是我相声创作的第一个阶段。这一阶段我算是个合格的宣传员，每一次政治运动我都表态，什么“反右倾”“社会主义教育”“反修防修”等。很难说是优秀的相声演员，也不是好的相声作者。那个阶段我逐步积累了相声艺术的表演和创作经验，并对相声有一些新的想法，但是这些新的想法还没有通过成熟的相声作品表现出来。但这段时间，无论是社会大环境，还是说唱团的小环境都是最好的，可以说是我学习相声的黄金时代。

初入说唱团

50年前，北京仿佛没有今天这样喧闹，更没有今天这样豪华。记忆中到处都是绿，都是草，都是树，阳光也格外的好。22岁的我，就像一匹生长在草原上的野马，激动又好奇，活跃又胆怯，看见什么都觉得新鲜美丽。

1956年7月1日，这是我最难忘的一天，这一天的心情非常好，就像阳光一样灿烂，充满了激情。因为前一天，即1956年6月29日，北京海淀区组织部党委正式批准我加入了中国共产党，成为了一名光荣的共产党员。

那一天，正是中国共产党成立35周年纪念日，而我带着介绍信，走在去中央广播说唱团的路上，说唱团向我敞开了大门。这是我人生道路的关键，路标一样的转折点。

当时的中央广播说唱团是人才济济，说唱团里有侯宝林、刘宝瑞、孙书筠、马增芬，号称“四大金刚”。相声演员排在前面的有侯宝林、刘宝瑞、郭启儒、郭全宝四位前辈居于至尊地位。

我进入说唱团以前，刘宝瑞先生在劳动人民文化宫授课时，曾经当面说过要教我说相声，此次有幸在他们的身边，兴奋异常。他曾对我说：“爷儿们！以后就干这个吧。你挺有才能，我负责教你，非把你教出了名不可。咱们这地方是果子行，不是卖酸枣的。听我的没错！”

作为亲手发掘我的伯乐，侯宝林先生也表现出极大的热忱。他的启蒙教育更富理性：“让你干专业，愿意不愿意呀？专业和业余可两个味。像你这样的，就像一块刚出土的玉石，看怎么雕了。遇上名师，

马季与于世猷在为群众演出

算你走运；碰上那不怎么样的，三雕两雕，也就废了。你考虑考虑，跟我学相声吧。不出三年，保证培养出来。”

两位相声大师都向我伸出热情之手，真是前生修来的福分。可是，我不知如何选择。最后还是团领导作出决定，侯宝林、刘宝瑞、郭启儒、郭全宝都是我的老师，侯宝林为责任老师。我真是受宠若惊，心里既兴奋又有些不知所措。

前辈老师们在群众中有很高的声望，演出极受欢迎，这对我来说是极大的鼓舞；而他们在日常生活中的一些细节，也对我有很大的触动。我经常在传达室看到几位老师的版税单，动辄四五百元甚至上千元，这在当时可是不得了的数字，说明他们的唱片发行量之大。对于我这初入团的年轻人来说，极具诱惑和挑战性。

老师侯宝林

侯先生是大家公认的相声历史的里程碑，他净化了相声的语言，纯洁了表演，提高了格调，将相声从一门比较低档的艺术搬上了舞台。他热爱这种俗的形式，又赋予它“雅”的生命——他是相声俗中见雅，化俗为雅的带头人。这是他一生最大的贡献。

侯先生是将相声作为一门艺术来追求的。他在新中国成立前就不满意随波逐流，丑化自己的表现方法，而是追求新颖的艺术形式，比如穿衣服，他 40 年代上台穿西服，留分头，这在当时是头一个。他的精神面貌和别的演员不一样，张嘴就是那时社会最时髦的语言，每段相声前都有一段垫话（演员随机应变的话），侯先生学唱流行歌曲，还专门请家庭教师，学了英语放在段子里，这在相声都是很新鲜的表现，使演员和观众一开始感情就交融在一起，所以他的相声很受欢迎。据老艺人说，侯先生一上台，一亮相，台下观众就能鼓掌两分多钟。

新中国成立以后，侯先生的艺术思想更加成熟。他认为相声要跟着时代走，如果跟不上时代，技巧再高也会被淘汰。这从他作品中可以看得出来，比如说《改行》，原来是个杂学唱的段子，主要表现演员的技巧，经侯先生修改后，艺术结构上比较完整，加了一条对封建统治者控诉的主线，他的一切笑料、故事和情节都是为揭露封建统治设计的，思想性得到加强，这是侯先生艺术思想的一种体现。再比如《戏剧杂谈》，过去也是段杂学唱，老艺人们都会，但侯先生加了一条

马季与老师侯宝林

“戏剧博士”的线索，“我们研究戏剧的，研究戏剧和话剧有哪些不同，戏剧的布景不一样，戏剧的道具不一样，戏剧的语言不一样，戏剧的哭相不一样……”几个不一样，加上这么一个“戏剧博士”的研究，就成为了一个艺术结构非常完整，诙谐生动的戏剧小论文。

我跟侯先生学习了很多年，早年主要是模仿地学习，后些年更多的是学他对相声的一种独特的精神。侯先生教学没有专门的教材，主要是口传心授。他对我们要求很严，有件事给我留下了深刻的印象。入说唱团不久，我对《卖布头》很感兴趣，这个段子也是侯先生最拿手的段子之一。当时他没让我学，我就听着录音学。

有一次演出，团长让我出个传统的段子，我就报了《卖布头》。第二天，星期六，侯先生看了报纸上的演出广告，问我说：

“你这《卖布头》跟谁学的？”

我说：“跟您学的，您的录音。”

“听听我的录音你就敢上啊，你的胆子怎么这么大呀！这报纸已经登出来了，这怎么弄？明天早上上我家去！”

星期天晚上就要演出了，早上我去找侯先生。

侯先生让我“说说”。

我说完了之后。侯先生满脸愁云地说：“你说我怎么说你？我给你现下挂吧（下挂就是一点一点细说），这样也不行，这样你晚上演出不就更紧张了吗？算了，你就先这么演吧，以后别这么大胆子了！”给我下了一句结论：“你不会走，先学跑，早晚栽跟头。”这天晚上演出他来得很早，站在边幕上听，侥幸的是那天我没出错，效果极好，特别是对我加进去的包袱和情节给予了肯定。

还有他的《戏剧杂谈》是侯先生段子中经典之经典，不论风格、趣味、效果都是代表作品。我特别喜欢，对我来说能演好这个段子，标志着我更上一层楼。我的这个愿望有一天终于向侯先生吐露了，他的回答是：先把京剧的基本功练会。为此，我每星期到北京戏校找京剧老师学动作，半年后我又提出了排《戏剧杂谈》的申请，侯先生当时只是应付地说，哪天我把本子给你找来。第二天我就把自己平时默写的册子送给他瞧。他看过后发现连每个标点都没错，他惊讶地问，这本子哪来的？我说，我是听您演出时记录下来的。侯先生看出了我

马季与老师侯宝林

的愿望和决心，同意了我的请求，同意我抽时间与郭启儒、郭全宝二老排练。尽管如此，那还是侯先生的看家节目，正式演出还是不允许我说这个段子。

侯先生虽然对徒弟要求很严，但也鼓励我们超过他，从我一进团，他就鼓励我业余时间写相声，不能一招一式全照他们学，要青出于蓝胜于蓝。他更支持我们创新，对社会生活更加敏感。老师鼓励我们把见到想到的事物马上写出来。那时都是我们写成坯子，念给侯先生听，他告诉我们这儿怎么改，那儿怎么抖包袱，改完就排练，然后就上电台录音，及时得很。

侯先生不光教我们学艺，还教我们艺德和人品。艺德讲的是要给别人留饭，旧社会的艺人门户之见比较厉害，前面的演员把后面演员节目的笑料给刨了，让你后面没法说。新中国成立后，侯先生在徒弟当中强调要特别讲究艺德，不能光顾自己。关于做人，侯先生有一句名言：“相声演员绝不是生活中的小丑。”他在自己创作的段子里刻画了很多反面人物的形象，如《夜行记》中的小市民，《离婚前奏曲》中玩世不恭的主人公，《戏剧杂谈》中的戏剧博士，《三棒鼓》中的江湖艺人等，都十分可笑和逼真，但这绝不是侯先生生活中的形象。

侯先生非常端庄、严肃。他把相声分为四大块：卖、帅、怪、坏，他把自己归在“帅”这一类。上台对观众要非常热情，有礼貌，使观众看你一眼就有服气的感觉。而小丑则会令人厌烦。侯先生告诫我们：做人不能做生活中的小丑，稀稀拉拉的东西全不能带到台上去。实际上，他就是这样做的，他对于那种台上台下形象不分的相声演员是十分厌恶的。

还有一次，侯先生训斥我的师兄杨子阳，他是西南铁路文工团派到说唱团学习的，与我作临时搭档，我们排练侯先生拿手段子《空城计》，还有新创作的《跟谁结婚》。

老师把我们叫去看看情况。杨子阳那年 29 岁，学习很刻苦，但灵性不够。

我们刚说了几句，侯先生就喊“停！”对杨子阳说：“你什么时候回去呀？”

“团长说有急事会给我写信，现在让我继续学习。”

“你给你们团长写封信，就说是我说的，你别吃这碗饭了，你吃不饱！连话都不会说！”

马季与杨子阳

我们回到屋里，杨子阳“哇哇”大哭。我只好劝他，“老师这是严格要求……”

虽然当时团里规定侯宝林、刘宝瑞、郭启儒、郭全宝四位都是我的老师，每位老师都给过我指导，但是，我受侯先生的影响是最大的。

1957 年，巡回演出中的一天，侯宝林先生突然对我说：“你这个马树槐呀，绕嘴，作为一个相声演员，不仅在台上表演要响，名字叫起来也要响，这样人家容易记住你，你改个名吧，换个艺名。”

我当时想，名字也得有时代色彩呀。叫什么好呢？我想了好几天。

当时北京的电影院里正在放映匈牙利影片《牧鹅少年马季》！这是部喜剧片，风靡全国。主人公牧鹅少年“马季”，机智勇敢，非常招人喜欢。于是我决定：借人家点儿仙气儿，就用“马季”当作我的“艺名”。把这个想法跟侯先生一说，侯先生一听说：“好，这个行。”他欣然同意了。就这样，在我艺术生涯的前期，“马季”就成了我的艺名。

相声初下江南

1962年，两湖两广（湖北、湖南，广东、广西）的演出是北方曲艺第一次南下演出。

起初，人们还担心语言隔阂，南方观众不一定能够接受北方演员的普通话演出。但演出结果证明，北京曲艺尤其是相声，在南方也同样大受观众欢迎。说唱团走一路火一路，所到之处，场场爆满。更多的时候，还要日夜两场，这为后来相声在全国的普及，开了先河。艺术门类、名家之间总有相通的东西。

这个时候，我多想自己上台亲自演一次侯先生的传统段子啊，我说：“先生，我可以上台说您的相声了吗？”

先生回答：“把基本功练扎实了，再说！”

我第一次上台说侯宝林先生的相声是迫不得已，那是在南宁。当时，侯先生回北京开会。有人提出：我们先劳动去吧，等侯先生回来后再演出。还有的人提出：他开他的会，我们演我们的，就在门口挂个牌子，写上“侯宝林先生回北京开会，其他演员照常演出”就行了。争来论去，后一种提法占了上风。演了，可观众们强烈要求听侯先生

马季与侯宝林、郭全宝、于世猷等在一起

的《戏剧杂谈》那个段子。这时候，又有人提出："小马，你就演《戏剧杂谈》吧！"

好，我演！

于是我演了，下面的观众不但没有哄我下台，反而更加喜欢，让我一遍遍地重复。这件事，等先生回来后就有人告诉了他："您不在，小马偷偷地把您的节目《戏剧杂谈》演了。"

侯先生问："效果怎么样？"

告状的人说："山崩地裂呀。啊，错了，那是观众鼓倒掌呢。"山崩地裂是相声演出过程中的行话，即非常成功的意思。

侯先生说："哎，净糟践东西呀。"不过，先生认可了我的《戏剧杂谈》的“第一次演出”。

这一次南下，一共几个月的时间，对我来说，无异是一次“实践与观摩”相结合的强化训练，得到了一次极为丰富的营养。还没有回到北京，我就已经把四位老师在巡回中演出的所有段子，全部背下来了。“艺多不压身”，多学点有百益而无一害。

我感谢老师们的教诲以及那段日子。

偷学《卖布头》

六十年代初期，在相声界，对我的作品有截然相反的两种意见，一些报纸杂志还组织专题辩论。北京市文化局曾召开过一次相声的讨论会。有人说，马季的出现，马季作品的出现，使相声界注入了前所未有的活力。虽然现在确立马派为时尚早，但看到了相声的希望，看到了相声新的气象；有人则认为，马季的新相声离经叛道。

那时候，北京相声界高手如林。高德明、高德亮、王世臣、赵玉贵、王长友、谭伯如、罗荣寿、李桂山、佟大方等，演出相当活跃。为了开阔眼界，更多地吸收营养，只要有机会，我就跑去观摩。

久而久之，我对这些艺人的不同风格特点，基本上了如指掌。比如王长友嗓子不太好，但功底深，“柳话”好，还喜欢在段子里穿插新词、新曲，使人耳目一新。他最拿手的段子是《哭的艺术》。我学会了，曾和赵世忠搭档演出，效果挺好。王长友对我也特别关心，我后来创作《画像》，“底”的修改他出了不少好点子。还有王世臣，那时候我觉得他几乎能和侯先生媲美。他的拿手段子是《闹公堂》，属于杂学唱的段子，一会儿学唱京剧、评剧，一会儿又模拟要饭的、卖药糖的，角色转化特快。我学下来，也在外地演出过。不演不知道，自己上台一试，才觉得人家本事可真大，不得不佩服。

“学然后知不足”，高德明擅长传统相声，他演的《醋点灯》，构思巧妙、情节连贯。我虽然学会了，可是段子太长，加上火候不够，演起来非常吃力。由此，也愈加激发我刻苦学习的精神。

我又把眼光投向了天津。天津号称“曲艺之乡”。当时，除天津电台曲艺团外，还拥有和平区、红桥区曲艺队。马三立、王凤山、郭荣起、朱相臣、苏文茂、赵佩茹、刘文亨、魏文华、常宝霆、白全福、阎笑儒、班德贵等相声名家都活跃在舞台上。

下面是闫笑儒先生给我传艺的一件趣事。

马季在表演山东快书

六十年代初和业余演员说《菜单子》

闫先生是马三立老先生的徒弟，相声界都称他“闫麻子”。他的《卖布头》，在老辈艺人中公认第一。我专程慕名而去。那天，我买了张票，准备“偷学”。谁知，进场后，就被他发现了。“爷们，来，上后台去！”他笑着向我招手。我有些尴尬，只好随他上了后台。

他问：“干嘛来的？”

我说：“听相声。”

“想听嘛（什么）？”

“人家都说您《卖布头》第一……”我实心实意地说。

“别听那个话，演的次数多一点，”他打断我的话，接着说，“今日想听？”

“想听！”

“行，今天我给你破格，一会儿我就开这个活！”

我非常高兴地回到座位上。待到闫先生上场，一段《卖布头》他竟然说了四十多分钟。平时垫话只说一段就可以，这次他把几种不同的垫话全都使了出来，精彩极了。我又兴奋又感动。

“行吗，爷们？”演完，他把我叫到后台，还客气地问呢。

“行，行！侯先生都说您唱得最好！”我连忙说。

闫笑儒先生已经作古。厚道、无私，多么令人喜爱又可敬的一位老前辈啊！他留给我的音容笑貌，时时浮现在眼前。以后的几十年中，当我也为人之师时，之所以对徒弟们传艺不存私心，倾囊相授，这是与闫先生及像闫先生一样具有高尚艺德的前辈们的熏陶、感染分不开的。为人师表要德艺双馨才行。

在工作和事业上，向来自以为孜孜以求，奋发向上。我敢这样说，在我一生中，从未有过志得意满、沾沾自喜的时候。

知不足而努力

初入说唱团，我心里是有很大压力的。调到专业团体虽然是我的梦想，但当时的第一选择并不是进说唱团，而是进煤矿文工团，煤矿文工团曾想招我，他们那里年轻人多，还有个篮球队，我喜欢打篮球，这对我有很大吸引力。后来却进了说唱团。因此，我进团时就有议论：马树槐要来了，他可不愿意进咱们团！……

面对说唱团的现实，对一个不谙世事的年轻人来讲，许多现象还不能适应。我是业余出身，非艺人世家。进说唱团前，就有人提醒过，艺人之间门第观念相当严重，不是圈儿里的人，往往会受到歧视。进团不久，我就体会到此言不谬。

刚开始的一段时间，我负责给各屋打开水。一次，我一手拿着三暖壶，去锅炉房。迎面碰到一位前辈，我毕恭毕敬，冲着前辈点了一下头，问好说：“您来了。”

他没有搭理我，径直走了。

可是，他溜溜达达，从这间办公室，到那间办公室，一间一间地讲“我”的“所作所为”：“这年轻人呀，见面跟进茶馆似的，就知道点头了，咱们受得了吗？还是咱们老了啊？”说话的这位前辈，不知道是无心还是有意，反正想说什么就说什么，想怎么“推断”就怎么“推断”了我，好像我的内心世界由他掌握，我想什么他都知道。只是，他惟一不知道的，是他给我的内心增加了许多烦恼。我尊敬了他，他却冤枉了我。到现在，我都没有弄懂“这位前辈为什么不满意、不高兴我当时那样的问候”。

这件事对我刺激很大。再加上当时团里老艺人比较集中，他们是从旧社会过来的，有些脾气我们年轻人很难适应。

还有一次演出，一位唱大鼓的前辈临要上场了，突然要上厕所。不巧，厕所里有一个年轻人。于是，她大声拍门大喊大叫，等到年轻人从厕所出来，她也没有时间再上了。事情就那么凑巧，当天演出的效果不太理想，只加演了一小段观众的掌声就没了。于是，下得台了，就找到那个年轻人觅死觅活，闹得不可开交。而类似的事在当时是很平常的。

团里的业务秘书王决同志见我用功，表扬我说：“小马这年轻人精神不错，没事就练，能刻苦，将来错不了。”谁知他刚说完，旁边马上就有个“大家”，鼻子一哼，冲王决说：“你就看年轻的了。这算什么，我们当初比这还刻苦！”她这话也许没错，可我看到她做“嗤之以鼻”状的嘴脸有些变形，真是又难过，又不好受。我假装没有听见。

正是这一系列的事，给我造成了很大的心理压力。白天上班，心里很紧张，思想上也放不开，处处谨小慎微。

但是，我没有向这些压力屈服，我暗下决心，一定要下苦功，迎头赶上。前辈们常讲，要想人前显贵，就得背后受罪。我从 22 岁进团一直到“文革”以前，可以说是我艺术生涯中最苦的几年，我把全身心都投入到相声艺术中了。

虽然到团里的时间不太长，可我知道了，团里每天都有演出任务。每天日场，我没事，一个人躲在后台墙角，练习侯先生的《戏剧杂谈》，或者先生们在前台演出，我在后台学。而更多时候，都是跟着收音机偷着学。

跟老艺人们相比，我是新中国成立后的第一批新文艺工作者，多一些文化知识，对新事物的敏感和接受能力强。我想，只有运用自己长处，发挥优势，另辟蹊径，才能超越前辈。这是当时的普遍现象。我思考着，自己到底有什么优势呢？

那时，团里的年轻人很少，又多是女同志，交往不多。于是，每天一下班，吃完晚饭，我就几乎把自己关在宿舍中。我给自己制定了学习计划。我是业余出身，对于表演缺乏系统学习，于是，我找来团里的苏联造的大录音机，找自己喜爱的相声段子，反复地听，自己排练。还读了不少书，像《斯坦尼拉夫表演体系》、《梅兰芳传》、《卓别林传》、《契诃夫文集》等等。同时，练习写作。我慢慢地悟出一个道理：常说“青出于蓝而胜于蓝”，但如何“胜”？在学习老师们的长处

1964 年马季与于世猷在大庆为石油工人表演《劳动号子》

之外，要看到他们的不足，要想“胜”，就要从这里去提高自己。

我的相声处女作是《打篮球》。这个作品是当时任团业务秘书的王决，从群众来稿中选出来交给我排演。我看了原稿后，觉得不好表演，需要修改。我打过多年的篮球，有球场上的经历，于是，我把这一生活运用到这个段子中。王决看了很满意，曾对侯先生、刘先生说：“看到了吧，这才叫修改！”

1957 年北京举行全国运动会，郑凤荣在女子跳高比赛中跳出了 1 米 77 的高度，打破了世界纪录。《体育报》编辑打电话到团里，约我写运动会题材作品。我认为是一个锻炼机会，就一口应承。星期六约的稿，我星期一就交了稿，一天的时间写了四个小段，结果发表了一个《1 米 77》。

我当时创作热情很高，常常兴致来了整宿不睡觉。住在我对门的两位演员，看到我屋里经常是整宿不熄灯，就写了一张小字报贴到了团部：马季天天熬夜不睡觉，这样下去对身体不好，建议白团长下命令让他睡觉！……

当时我的想法是，灵感来了一定要一气呵成。尤其是希望得到老师的指教，老师的一句“不错”，我兴奋得一宿不睡。我创作《登山英雄赞》，更是熬了四天四夜。后来，一次在吉祥戏院演出，在后台化妆室里，两个晚报的记者采访侯宝林先生，问他最近团里有什么新作，他说：“最近有一个《登山英雄赞》，这个作品很好！”得到了老师的赞许，我的信心倍增。

要“胜”过前人，就是要发现前人的不足，发现和把握时代前进的方向。这点不是一般人能够做到的，也不是一朝一夕的事！说起来，我也算是个有“思想”的人。“思”考前辈的成绩是怎么来的；“想”自己在学习前辈经验的基础上，会不会比前辈更出色、走得更远；会在什么地方有突破，有自己的特色。渐渐的，我在敬重前辈的前提下，学会了揣摩与分析。比如侯宝林老师，侯先生之所以在相声艺术上达到了高峰，是因为他不断有新作品。他有很高的表演天赋，“台上撞”。他的很多段子都是口头创作，然后凭借丰富的舞台经验，在表演中不断完善，“一遍拆洗一遍新”。

尺有所短；寸有所长。物有所不足；智有所不明。那么，侯先生的不足是什么呢？就是不能自己写作！要想超过侯先生，不但要学好他的优点与精髓，还要在这个基础上由“口头创作过渡到文字创作”。

再说刘宝瑞先生，之所以“矮”侯先生一头，就是因为刘先生“死抱”传统不放，有“一技吃一生，撑不着饿不死”的想法。他常常得意地对别人说：“我这几个单口，你慢慢学去吧！够你享用一生的。”话不错，相声里的名段子，是被后人学习与借鉴的。可是刘先生忘了一点：时代是前进的、是变化发展的、是光怪陆离的、是日新月异的……我觉得，要想超过或者赶上前辈们，就应该从创作上下手，下决心，在创作上有所突破。

当时，我还有一个目标，就是在几年之后，相声创作要达到“自给自足”。狂妄吗？不是，这是一个年轻人内心的想法，是真实的想法。当时这样的想法有些不现实，但目标确实明确。因此，学习起来，也就如饥似渴，夜以继日，努力而又刻苦。

我 34 岁才结婚成家，当然有闹“文革”的影响，但主要的还是因为那个时期我把全部精力都放在创作上了。记得“文革”前，曾经有个苏联大马戏团在北京演出，很轰动，文艺界的人几乎都看过，但我没有去，不愿在这上面浪费时间。那时，我有一个女朋友，但我几乎没有陪她玩过。团里的一位热心同事主动为我们买了电影票，但由于我刚刚为创作熬了夜，电影一开始我就睡着了，女朋友见状站起身就走了。第一次恋爱因此没有成功。

近年，《大公报》记者采访我时，曾问我是怎样进行艰苦创作的？我说，创作只有“艰”没有“苦”，年轻人几宿不睡觉算不了什么。的确，当时就是这样学习和创作相声的。

第三章 我难忘的几位领导

进入专业队伍之后，我接触到的几位领导也对我的成长帮助很大。团长白凤鸣和两个抓业务的秘书王决和郑青松同志，他们三个没有一个党员，而我又是一名党员，因此，他们对我的教育是身教胜于言教。他们用自己的行动教育我，帮助我。

创作启蒙者王决

在我初试创作时，是王决给了我教育和启发，可以说，王决是我进入专业队伍之后，第一个真正教我创作的人。王决时任说唱团的业务秘书，主抓创作。

1957 年，苏联的人造卫星发射成功，当天的《人民日报》头版头

1964 年在上海。（左起：于世猷、赵连甲、刘宝瑞、侯宝林、马季、郭全宝、张英）

条以红色标题刊载。白天大家看到报纸都很兴奋，正好晚上吉祥戏院有演出。早上一上班，王决拿着报纸就找到我："写，晚上演出。"他擅长写歌词，下笔很快。我们就合作创作了《人造卫星上了天》。我搭的架子，王决填词。我们用戏曲演唱的形式，借用了评剧《刘巧儿》、《小女婿》，京剧《武松》、《宇宙锋》等戏中的人物上台祝贺苏联卫星成功发射。近中午时段子就写完，我们抓紧排练。晚上演出前，我怕忘词，就把唱词写在手心上。因为词不熟，表演的时候很紧张，人一紧张就手心出汗，更容易忘词，我借着表演手势一看，更傻了：手上的唱词都成了蓝墨水了！就这样磕磕绊绊地演了下来，剧场效果十分火爆，观众掌声热烈。台下坐着曲协主席陶钝，演出结束，他非常兴奋地跑到后台:“马季呀，相声就得这么写，你听听什么效果！……”

我从这个作品中尝到了甜头，深深体会到：相声一定要有即时性，对这样的作品在艺术性上也许不要要求过高，应时当令观众就喜欢，这里的技巧并不重要。这是我创作的第一个即时性作品，王决给了我很大的帮助。后来类似这样的作品我创作了许多。

说唱团隶属于中央人民广播电台文艺部领导，电台新闻部经常在播出之前就把新闻稿发给文艺部，我们就有机会在全国人民听到之前看到新闻。经常是这样，第二天的新闻联播稿前一天晚上交到文艺部，如果有需要配合宣传的新闻题目，文艺部领导就召集我们当天晚上进行创作、录音，第二天新闻联播后，接着播我们的相声，宣传效果很好。但是这些段子追求即时性的教育效果，在艺术上难免会有漏洞，很多段子就是一次性的，只在当时为配合宣传演一次，过后就不再用了。记得我有一段宣传“大跃进、人民公社、总路线”的相声，播出去后，老舍先生看到我说:“马季，这个相声不错！”“不错”过去以后也就不说了，它是那个时代的产物，有着太浓厚的时代的印记，它不可能加工成传世之作保留下来。还有比如说《南美碰壁记》，讽刺美国兵的，还有《降神会》，讽刺日本首相参拜靖国神社的，等等，都是一夜之作，形势一过也就不说了。但其中有些段子我觉得还有些价值，抛开那些当时为了紧跟形势的应时内容外，在一些表现手法上还是有些创新的，我过后再修改提高，于是保留下来。《人造卫星上了天》属于应时之作，我觉得在艺术上还是有它的特点的，后来经过修改，演出了一段时间，感觉演出的效果还不错。

王决在创作上给了我很大的帮助，他是我从一个相声创作的被动者成为主动在生活中寻找相声素材的引导者。

会做思想工作的徐曙

全国都一样，各行各业，从一个时代突然跨入另一个时代，面临的总是崭新的问题。

说唱团里老艺人比较集中，他们是从旧社会过来的，社会地位突然提高，总会产生许多不太适应的事情和反应。有些人凭空长了些脾气；有些人多了些“习惯”，还有些与我们这些初入团体的年轻人不相往来，眼里没人……年轻一点的，也多是艺人子弟。我在团里经常看见的是老艺人的工作作风和生活作风。比如上班时，他们总是一人一杯茶，散散漫漫；平时，他们之间开玩笑，喜欢说些粗俗的东西，甚至不堪入耳。尤其是一些女演员，脾气很大，动不动就大吵大闹，使人难以忍受。

过了许多个不眠之夜后，我决定去找徐曙主任。徐曙主任是“电台文艺部”分管说唱团的领导。我要向他哭诉我的苦衷、我的委屈，请求他将我调回书店；这种地方的人际关系，我不会处理，长久地待下去我会被憋死的。谁知，我的眼泪根本不起作用！徐曙主任笑眯眯的，好像根本不在乎我的眼泪流了多少。他耐心地听完，让我洗把脸。他说：“洗洗吧，洗完了就完了，过去了。人的心啊，有时候跟这脸一样，要是有了灰，就得先洗洗。脑子也一样。”

好了，我洗完脸觉得舒服了很多。话虽然是开心的钥匙，但得看谁说，看怎么说。徐曙主任的话，不知怎么的，我就爱听，包括批评

马季和于世猷与业余相声演员在一起

我的话。最后，他反问道：“你是共产党员，是环境改造你，还是你改造环境？你这是临阵逃脱，不行！你要记住，挫折与议论正是考验你的时候！”他站起来，我也站起来。

从徐曙主任的办公室里出来，我茅塞顿开。不觉得热了，也不觉得憋闷，好像天空给清风洗过，给阳光晒过……一切都像充满诗情画意。在路上，我反省自己：这是挫折吗？别人的说法，尤其是胡说，难道真的能够左右我的一生，毁掉自己对事业的追求与努力吗？如果这么点小挫折都受不了，枉为男子汉！

我真的理解、领悟与记住了徐主任的话。思想工作不是官腔与官僚，那是心与心的沟通。那时候的领导差不多都有一种本事，就是

“设身处地、为你着想”！那年代，领导做思想工作就这么容易；解决思想问题就这么简单。这对于今天的年轻人来说，恐怕是难以理解的。

人这一生啊，无论你干什么，都不会一帆风顺，都会遇到嘲笑与坎坷，就如第一只猴子站起来的时候，必然会遭到群猴的戏弄一样。艺人中有这么句话：“要想人前显贵，必须背后受罪”。韩信能受胯下之辱，我受点气又算得了什么！于是，自己暗下决心，一定要发奋图强，非要干出个模样不可。目标一旦明确，人就会有奔头、有方向，同时也就不会去注意周围的议论了。冥思苦想了几天后，我明白了“后退”不能，前进才是唯一的出路。

我不再分心，而是咬紧牙关，精心又详细地定了一个“全方位”的学习计划，把时间安排得满满的，不让自己有空闲来想杂事，并把贝多芬的格言记在了脑子里：“涓滴之水终可磨损大石，不是由于它力量大，而是由于昼夜不舍的滴坠”。只有勤奋不懈的努力才能够获得那些技巧，因此，我要更加努力的学习，在这支专业队伍里锻炼自己，使自己成为一个真正的相声人。

古怪性格的陶钝

1958 年，国防部长彭德怀元帅发布了炮击金门的命令，福建前线战事紧张。中央派出以文艺界人士为主的慰问团赴福建前线慰问，田汉先生任团长，梅兰芳、马铁丁、田间任副团长，成员有电影演员陈哲、秦怡，舞蹈家戴爱莲，歌唱家马玉涛，音乐家马思聪、瞿希贤，漫画家米谷，京剧名角李和增等，曲艺界由陶钝任组长，同去的曲艺演员有李润杰、赵世忠和我。在慰问演出中我接触了许多日夜战斗在东海前线的英雄战士和民兵英雄，深受感动。有一次我分到梅先生所在的小组，刚下车就遇到敌情，炮弹轰轰地向我们打来，大家都非常紧张，迎接我们的军官和战士们更紧张，生怕我们出事。几位解放军迅速把梅先生拉到墙边，用身体围成一圈保护梅先生。我和赵世忠也赶快跑过去，一看几位全是校级军官，我非常敬佩他们。

我还遇到了一些活跃在前线、协助解放军守卫海防的勇敢伶俐的少年，他们都是何厝乡中心小学的学生，小的十二岁，大的不过十四五岁，他们成立了“英雄小八路连”，归属当地民兵领导，经常到前线为战士服务，洗衣服、擦炮弹、烧开水，什么都干。其中有一个少年小八路，他那豪爽勇敢的性格使我一见就喜欢上了他。有一次在前线阵地见到了他，在隆隆的炮声中，我的心扑通、扑通直跳，而这个少年竟一点都不害怕。从他身上，我吸取了不少力量，也迸发了创作的灵感。一天，和民兵联欢，听完他们的事迹介绍后，我回到驻地，这些孩子们的形象老在我脑子里转悠。我让世忠先睡，自己去会议室冥思苦想了一夜，快天亮时我写出了《英雄小八路》初稿。我回到宿舍把世忠叫醒，念给他听，他认为基础不错，建议我给陶钝老先生看看。我迷糊地睡了一会儿，爬起来脸也没洗，就揉着眼睛去找陶老先生。他见我睡眼惺忪，连早饭也没吃，一脸的不高兴。他把稿子看了一遍，表情没有任何改变，用他那浓重的胶东口音说：“今晚演出试试！”我一听蒙了，我连夜赶写的稿子，字迹模模糊糊连自己都认不清，怎么演？我连忙向他解释，他根本不听，口气非常生硬：“让你演你就演。”

我一向知道老先生脾气倔，没想到这回让我碰上了。我很焦急，只好去找世忠商量。碰巧遇到梅先生，梅先生是副团长，我就向他反映了我的困难，梅先生非常理解，立即同意我们演原来的节目，并答应去做陶老先生的工作。我如释重负。谁知吃过晚饭，离演出不到两小时了，陶老先生来了，阴沉着脸，就跟我说了一句："今晚还是演'那个'"，说完就走了。我哭笑不得，这老头连梅先生说情都不行。我赶快找世忠对词，我们只能记住梗概，把那个段子分成几部分，世忠加上适当的连接句子就行。演出七点半开始，陶老先生刚过七点就在第一排坐着，不知是监督我们还是担心我们，幸好我和世忠有点舞台经验，临场不慌张，加上节目内容我们熟悉，观众也熟悉，容易产生共鸣，因此掌声不断，笑声不断，效果之好出人意料。刚演完，陶老先生就上了后台，得理更不饶人："我说怎么样？这效果你们都看到了吧！"

陶老先生是曲艺组组长，又是我们那组的党小组长。慰问团虽然是临时机构，党组织的活动抓得却很紧，几乎天天开会。第二天的党小组会上，我以为这么快就写出了一个节目，演出又很成功，准会受到表扬。谁知这位老先生对我不依不饶，对我又是一顿狠苛："你马季年岁有多大？你还没过三关（指恋爱、结婚、养孩子）呢，就懒得这样，早起不吃饭，就知睡觉！睡懒觉！让你上段子还有情绪，你是干什么的？你看你胖成什么样子啦！"简直是胡搅蛮缠，我冤不冤哪？这还不算，两个月慰问结束，慰问团到杭州总结，他在会上还在苛我。

赵世忠说："马季，这次老头儿可逮着你了。"

我是哑巴吃黄连，有苦说不出。

送慰问团的专列回到北京，临下车他又跑过来找我。

“马季，下车不许回家，上会里（曲协）去改相声！”

我心里老大不乐意，就说：“天冷，我没带衣服。”

他说：“我负责找人给你送大衣！”

得，还是拧不过他。下了火车有汽车接他，他拉我直奔曲协，把我带到他的办公室。

“你就在这儿，不改完不许回家！”随即他找来一件大衣，一筒茶叶，又扔给我几盒香烟，自己往沙发上一躺：“我也不走，你改吧，我这儿看着你！改好了，大众酒家我请你吃一顿，改不好我跟你没完！”

没办法，老老实实改吧！我一遍又一遍，一连改了五天，晚上他陪我睡沙发，星期天也不回家。

当他听我念完最后一遍改稿时，盯着我说：“现在不敢说你会写相声了，应该说你听话了！走，好好吃一顿去！”

陶老先生就是这么古怪，我当时真有些恼他，过后一想，他对事业的责任感，没法不让你敬佩。

还有一次我创作了《登山英雄赞》，在长安剧院举行新节目汇报演出，请他观摩审查。散场时我找他征求意见。

问他：“陶老，我那节目还行吗？”

“你演的什么？我睡着了。”

我凉了半截，敢情他看不上眼。

谁知，没几天，他忽然兴冲冲地来找我：“马季，电台播了你一段新相声，写登山的那个，我听了，很好哇！”

我告诉他：“那天长安剧院我演的就是这个。”

“啊，那天我睡着了。”

老先生就是这么个人，既古怪又有些喜剧性，后来他一直关心我。“文革”后我创作的新节目，他看后都会给我提一些宝贵的意见。在曲艺界，人人都非常敬重他。

爱护我的两个团长

那时自己要求自己虽然很严格，但是，足球还是要踢的。电台的食堂前面有块空地，旁边堆放着煤，空地里可以踢足球。1961 年，有段时间，再累再忙，天天早晨都上那儿踢球，一直踢到上班前十几分钟，才匆忙擦擦身子，啃两个馒头去上班。

柳荫团长是个延安时期的老干部，干音乐出身。那会儿是全国音协理事。这老同志每天上班比别人都早，总是看着我在空地里踢球，心里老大不高兴，可也不吱声。一天，上班时间到了，我浑身汗涔涔地赶到会议室，只见柳团长手里正翻弄着一张报纸。

等团里人都到齐了，柳团长把报纸朝我一递，绷着个脸说：“马季，你把这篇文章念念！”

我接过报纸一看，原来是老舍先生的文章《健康的笑声》，我念：

马季被认为侯（宝林）派相声的继承人，这有特殊的意义。侯宝林先生对相声艺术有所创新，自成一家。他不甘保守，勇于尝试：不但敢说敢写新节目，而且对旧段子也敢涤旧翻新，加以修改。他的语言已是一种新的相声语言，不但力避粗野，而且善用新时代的语言引起新的谐趣。他对相声的推陈出新做出了贡献。马季继承这一流派，会对相声的发展与提高起些作用。各派的风格应当不同，可是对发展与提高须一致努力。侯派后继有人，使人看到推动相声的提高与发展的新生力量。马季年轻，技艺还未臻于成熟，但是爱好相声的广大群众对他期望甚高。我想，以他的才力，若能不断努力提高思想与文化，他的成就是未可限量的。

这是1961年9月25日的《人民日报》。当我念完之后，柳团长问我："这篇文章你看过了吗？"我猜不透柳团长究竟是什么意思。"连老舍先生都在人民日报上表扬你，你了不起呀！我告诉你，不要翘尾巴！"

出什么事啦，我？什么事，我翘尾巴啦？

柳团长继续说道："你知道自己是演员吗？大不亮就跑去打球，摔伤了还上不上台？大好时间，你得把四大本背下来呀！你有精力，学吹喇叭去呀，我们团不是没吹喇叭的吗，还进人干什么呀！你没事念念四大本啊！"

1960年底，全国戏曲、曲艺界为了"继承和革新民族传统文化"，开展了一次规模浩大的挖掘传统遗产活动。说唱团精英会聚，是挖掘传统相声遗产的重点单位。团领导柳荫亲自挂帅，每周开会一次，专门进行这项活动。全团上下都很重视，侯先生、刘宝瑞、郭启儒、郭全宝是四位主将。他们积极性非常高，争相回忆传统段子，原原本本记录下来。当时，担任记录整理工作的，是著名诗人邵燕祥。邵燕祥那时是全国文艺界名声赫赫的大"右派"。贬谪下来，干这份与他专业不相干，但对相声文化的流传和保存起着至关重要的工作。至今，我都对邵先生充满敬意。此次挖掘传统相声遗产活动成绩斐然。几个月时间过去了，我们记录、整理出传统相声八十段，然后付印成书一共四册，这就是曲艺界人人皆知的所谓“四大本”。当时“四大本”只印60本，还要注明“内部资料，不得外传”。后来，全国各地陆续出版过多种版本的传统相声选集和大全之类，哪一种也离不开这“四大本”。

四大本我早就背下来了，我知道我该做的和不该做的。这老头是关心我，爱护我。语气既严峻又挖苦，听得我大气不敢出，到后来是在心里都不敢嘀咕了。平时他就是这样，一脸严肃像，可心里热乎着呢。我就喜欢这样的领导。

还有白凤鸣团长，唱京韵大鼓出身。这老头待人总是那么和气，对我非常好。有一次白团长带我去老舍先生处。老舍先生在王府井附近的一个四合院里，非常热情地接待了我们，语重心长地鼓励我多学文化知识，接好相声艺术的班。老舍先生，在我眼中是个了不起的大作家、大学者，对我这样的小字辈谦谨随和，就让我觉得更了不起。

老舍先生对新相声，曾多次给予肯定和支持。我的创作正处在一个小高峰期，写了许多歌颂型段子，在理论上坚持讽刺与歌颂并举。理论和实践一度遭到许多人的批评指责，说那是些“非驴非马”的东西。一次，曲协召开的座谈会上，老舍先生曾以我的作品为例，说：“非驴非马有什么关系？非驴非马是骡子，力气更大！”

有老舍先生在理论上撑腰，这对我的鼓励很大。使我对歌颂型相声的创作，更加坚定不移，我一直觉得歌颂相声是相声艺术的一种表现形式。

白团长总是把这样的机会让给我，他不光在业务上支持我，在生活上也处处关心我、爱护我。这样的领导让我终身难忘。

四大本虽然大部分都失去了上演价值，但其中组织包袱的技巧和运用语言的功夫，潜移默化地滋润着我，影响着我以后的相声表演，尤其是相声创作，使我受到无穷的补益。当时，我得到了一套四大本，真像抱了个金娃娃。我反复阅读，逐段强记。“四大本”中的许多精彩篇章，我都能倒背如流了。这时，说唱团的领导也非常注意和关心对我的培养。又送我上中国科学院语言研究所学习国际音标。此时，王决同志又站出来，在曲艺理论上给我讲授、总结与提高，继续热情地鼓励和支持我进行相声创作。

还有一位领导主管行政的秘书郑青松同志，经常找我谈心，从各方面关心我的进步。他推心置腹地对我说：“要学会消化，学会博采众长，拿为已用，形成自己的东西。虚心向老一辈艺术家学习，这很对，可千万别刻板模仿，单纯模仿侯宝林再成功，别人也只会说你真像侯宝林，到头来没有你自己的东西。”他的这一席话，振聋发聩，对我一生的艺术实践，起着相当重要的指导作用。

所以我当时给自己提出的口号就是“吃百家菜，学百家艺”。

第四章 去生活中找作品

我喜欢体育运动，常常去看篮球，在篮球场上我看到，有的队员手臂伸得老长老长，像火车头的连杆，犯规动作也特别多。而有的篮球老手爱耍花活，一会儿把球停在胳膊上，让球滴溜乱转；一会儿又把球从胯下传出去，还起个漂亮的名字：叫黑狗钻裆。一些新手上场就晕头转向，被对手逼急了，竟把球投进了自家篮里。这些都可以成为相声的素材。

我在足球看台上，看到一些超级球迷嘴里大声嚷嚷，手脚还不闲着。一位球迷大喊："快射门"说时迟，那时快，他飞起一脚，狠狠地踢中前排一位观众的臀部。

我通过细心体验、观察，积累了丰富的素材，创作体育题材的相声得心应手，刻画球迷的形象淋漓尽致，入木三分。

1964 年在大庆。(马季和丁世猷在车间给工人表演节目)

侯先生曾赞赏我表演的体育题材的相声，说:“像《打篮球》、《看球记》这样的节目，别的演员表演，效果不一定好，因为缺乏球场生活的体验。”他的话是有所指的。有位演员表演体育题材的相声，模拟足球守门员接球，两臂张开，胸前交叉，怎么看怎么像抱孩子。我模拟足球守门员接球，两腿并拢，身躯微屈，姿势正确、优美，连球迷都由衷地赞叹:“真棒!”

有一次，我坐公共汽车，赶上足球比赛刚刚散场。一个小伙子气喘吁吁地挤上车来，掏钱买票，本应当说:“到北海，多少钱?”但他还陶醉在足球比赛之中，下意识地问:“北海几个门?”车上的乘客都笑了。售票员也幽他一默:“干吗?您画地图呀?”我灵机一动:这不完全可以写进相声吗?后来创作相声《球场丑角》就采用了这一素材,经过提炼,成为这一段相声的“底”。这一时期的写作我还十分注意借鉴传统的相声手法,在《找舅舅》这段相声中就运用传统相声组织“包袱”常用的手法——“三番四抖”,起到很好的效果。按照观众的听觉习惯,一句重要的话要记住,必须反复强调,否则,就会一掠而过,达不到效果。有些语言要突出重点,也必须反复说,才能加深印象。同样意思的话,如果连说三遍,听的人就会留下深刻的印象,有时还会起到意想不到的喜剧效果。当然,无谓的重复过多,也会引起人们的厌烦。

“三番四抖”,就是用上述办法组织的包袱。“三番”就是把矛盾尽量突出重复,也就是把矛盾的假象渲染、重复三次,这就是组织包袱的过程。“四抖”就是巧妙地突变,一下子揭露矛盾和事物的真相,也就是把包袱抖开,让真相大白。

“倒口”,是指相声里模拟方言。像传统段子《绕口令》、《找堂会》、《拉洋片》等,几乎从头到尾都是“倒口”。门里出身的演员从小练基本功,演来得心应手。我则不同,我是半路出家,所以学起来劲可费大了。前辈艺人说,传统相声“倒口”倒的是深、武、饶、安的方言,但深武饶安究竟在哪儿,那里的方言到底什么味儿?起初我也弄不清楚,只好人云亦云。

一个偶然的机会,我结识了一位家住在农村的业余相声作者,他为我的诚心和勤奋所感动,专门领我到他的家乡去看看,原来正巧是相声艺人们所说的深武饶安——其实就是深州、武强、饶阳、安平。

1973年在山东农村体验生活

我真正领略到深武饶安方言的“庐山真面目”了。这件事给了我以宝贵的启示，我深深地体会到，真正学会“倒口”，不能局限于从相声段子里学，而必须走到哪儿学到哪儿，到生活中去寻找、去发现。日积月累，才能见真功夫。

早年在上海学徒，上海话学得相当地道，表演《戏剧与方言》及其他一些段子都派上了用场。“四清”运动中，中央广播说唱团去了河南，虽然业务中断，但作为有心人，我抓紧机会学会了河南话，几次去广东，我都注意学习广东话，尤其那些有可能组织“包袱”的语言成分，都记下来。广东话里报数字“一、二、三、四、五、六、七、八、九、十”长短音都有，组织“包袱”时，故意把声音拉长，短的变长，长的更长，效果特别强烈。

马季在农村体验生活时与农民交流

我不仅学会了山东话、河南话、上海话、广东话，而且还学习了山东吕剧、河南梆子、上海越剧、广东粤剧，这样，就为攀登相声的艺术高峰奠定了坚实的基础。

1963 年，中央宣传部组织六个农村文化工作队在全国范围内下乡搞农村调查，实行所谓“三同”，即同吃、同住、同劳动。

我和我的搭档于世猷参加工作队来到山东的先进县文登，随文化馆、县吕剧团下乡演出，我们在那里一共生活了七个月，深入到渔村、农户、集市，白天与农民同劳动，晚上挑灯演出。起初，有些农民不大熟悉相声，见相声表演时穿着长袍大褂，就说是“演清朝戏的”。经过这次中央农村文化工作队历时半年多的巡回演出，当地观众不仅熟悉了相声，而且喜爱上了相声，可以说是掀起了相声热。以此为契机，我把文登、荣成辟为创作基地，先后在那里深入生活十几次，最长一次达七个月之久，这不仅在相声界，就是在整个文艺界也是不多见的。下乡生活给了我丰富的生活体验，也给了我创作的灵感。以至于后来我形成了习惯，一要创作就必须到下面去。

那时候，我住在镇招待所，自己掏钱买饭票，在食堂吃饭。满满一碗红烧带鱼，才两毛钱；挺大的馒头，我一顿吃仨。吃完晚饭，花3角6分钱，买了一包琥珀香烟，回到宿舍，再也不见动静。转天清晨，伙伴们推门一看，我则穿着裤衩，俯卧床上，打着呼噜，呼呼大睡。桌上铺满了稿纸，琥珀牌香烟早化成了灰。我听见响动后，从睡梦中惊醒，揉揉眼睛，忙让大家坐好，拿起刚刚写得的草稿念了起来。在农村我们就是这样创作的。

在农村生活久了，常常碰到一些偶然的可笑的事情，有些也给我带来创作的灵感。我在农村“被俘”的笑话即为一例。那是一年的夏天，山峦一片翠绿。我和同伴在弯弯的山路上走着。刚刚创作了一个破除迷信的相声《跳大神》，为了休息，换换脑筋，我便陪着一位搞美术的同志上山来写生。搞美术的同志在“选景”上是很讲究的，这样一个角度，那样一个色彩的。因为我对这里熟悉，就乐于给人家当起了参谋，这儿跑跑，那儿颠颠。谁知他翻过一个山头的时候，突然有人厉声喝道：

“站住！”

我愣了一下，便停住了脚步。

“干什么的？”

“我们……是来写生的！”

“我告诉你，一看你这一身打扮，准知道你不是好东西？”

我这才注意到自己的衣着，一套北京很普通的服装，特别是那顶鸭舌帽，文登山区的老百姓只有从电影上看到特务戴过。

我终于明白了：1963 年，我边防军民曾歼灭了多股派遣特务，离这儿不远就是地雷战的故乡——海阳县，眼下这位手持钢枪的小战士，一定是把我当“特务”了。我很着急，一再解释：“我是说相声的马季……”边说边用手比划着。

“老实点，跟我走。”

这位忠于职守的小战士用呵斥回答了我的解释。看着小战士认真负责的样子，我真有点哭笑不得。我不能再解释了，再解释只能让那

1964 年上海美术电影厂拍摄的《画像》剧照

小战士更加不耐烦了。就这样，我和同伴被武装押送到营房里。后来，还是县委宣传部长亲自出马，我才获得“释放”。

我并没有责怪那位小战士，还特意走到那位小战士面前，和他握手言欢，又跷起了大拇指，表示自己的尊敬和钦佩。回到驻地，大家都笑着说：“你这是体验什么生活，”我笑着跟大家说：“我这是体验一下‘特务’生活，说真的，押着往前走的时候，还真提心吊胆的，真怕那枪走火……”

虽然一笑了之。但我却把它储存在了脑海里的创作素材库里。我当时就说过：“我被当作‘特务’抓起来，这件事情既出乎意料，又在情理之中，这些正是组织包袱的绝妙素材，我想早晚会在相声中用到它。”

第五章 『红墙』里的演出

20世纪的五六十年代，我曾经有过一些特殊的演出经历。从1958年开始的五六年间，当时每逢周三、周六中南海都为中央领导同志举行舞会，为的是让他们得到身心的休息。期间一般还伴有文艺演出，由在京的各大文艺团体抽调演员参加。我有幸作为说唱团的相声演员随侯宝林、郭启儒、刘宝瑞、郭全宝等老师演出过很多场，毛主席、周总理、朱老总还有刘少奇、陈毅等党和国家领导人都看过我们的演出。我的一些创作还直接受到过他们的指教。

毛主席说："还是下去好！"

在中南海演出，毛主席或周总理的秘书事先都会跟我们交代，你

1962 年全国青联大会上的演出，傅锦华（左）、马季（中）、常宝霆（右）

们不要演平时公演的节目，你们演出的目的就是要他们得到很好的休息、放松。因此，我们准备的都是传统的段子，真正幽默的作品。毛主席的秘书就曾对我说，主席最喜欢你的《装小嘴》，有时你不去，他还让我们放录音给他听。毛主席喜欢的段子还有《拔牙》，侯宝林、刘宝瑞、常宝华和我都给主席说过。有一次我和常宝霆进中南海演出，他问演什么节目好，我建议他演《拔牙》，主席听过不同版本的《拔牙》，但仍然很喜欢。

有一年，毛主席的秘书通过广播局向我们要有关相声的资料，我将平时积累的素材、资料整理了一大包送去。党和国家的最高领导人这样喜爱相声，对我们这些从事相声艺术的人来说，是莫大的幸福。

在给领导人演出中，一些细微的小事对我们触动很大，一方面反映了他们平易近人，与人民群众的密切关系；另一方面也体现了他们对于文化艺术的关怀。

周总理访问亚非拉回国，广播局专门组织了一个欢迎舞会。我演出了传统段子《找堂会》，是用“怯口”来说各种豆腐菜。演完后总理见到我，笑着说：“你做的豆腐样子真不少，我可以做几样你没有见过的豆腐。”

还有一次在人民大会堂演出，毛主席、周总理等都出席。当时我正与说唱团的河南坠子演员谈恋爱，她上台演唱了传统段子《偷杏》，讲一个姑娘想摘树上的杏子吃，但伸手够不到，于是脱下绣花鞋扔上树，正扣在树上一只鸟的头上，鸟儿心想：这是谁给我扣的帽子！幽默风趣。领导们听后很高兴，周总理还特意邀请她跳舞。当转到我跟前时，总理对我说：“马季，你有什么事没告诉我？”我不知他指的是什么，不知所措。

“她是谁？为什么不告诉我？什么时候结婚通知我一声！”

随即周总理拉着她来到毛主席身边介绍说：“主席，刚才‘扣帽子’的是马季的女朋友。”

听到这样的话，我感到心里很温暖。

六十年代初，我参加中央组织的文化工作队到山东农村下乡长达数月，期间我们走乡串村，得到了很多实实在在的生活体验和收获，并根据这些生活创作了几段相声。从山东回到北京不久，我和于世猷去中南海给毛主席演出，毛主席问我：“怎么这么长时间没来啦？”我回答："主席，我到农村体验生活去了。"

"有什么收获吗？"主席问道。

"写了几个节目。"

"啊，都演演，我听听。"

我们演出了在山东创作的《画像》、《跳大神》、《黑斑病》三个段子，说了四五十分钟。说完我走到主席跟前和他握手，主席从沙发上站了起来，他微笑着握着我的手说："还是下去好！"当时我的心情是可想而知的，全国人民的伟大领袖，人们从电影里看到都会热泪盈眶的，而毛主席就在我的眼前，并亲切地握着我的手，像对自己的孩子一样说话。我们当时是既兴奋又紧张。我把毛主席的这句话当作对我创作的充分肯定，并激励着我为相声的创作不断努力。

周总理的教诲

1961年，我们进中南海演出，看到周总理正在大发雷霆。什么事呢？原来，头天晚上，北京工人体育场有一场足球比赛，是朝鲜队和八一队比赛，裁判员是朝鲜派来的。比赛的结果，中国队1比2输了。现场的五百多中国球迷不干，认为裁判不公。散场后围在门口，不让裁判员出去。有关部门当时动用了许多警力才护送裁判员离场。这五百多人不解气，一块儿跑到朝鲜大使馆闹事，造成了很不好的影响。这事报告给总理，总理非常恼火。适值我们来到中南海演出，总理指着我说：

"马季，你能不能写一段讽刺体育场上只争成绩，不讲风格的相声？我们要批评这些球迷们，要让他们懂得，我们是大国，输球不能输人！你写一段相声，国际比赛前，要反复放，这样会好一点。”

我连忙表示保证完成任务。

“好，下星期我看你的节目。”

回去后我就动手创作，下定决心要把这个节目写好，不能辜负总理的嘱托。足球是我最喜爱的运动，我爱踢球，也爱看球，尤其是国际比赛，只要有机会我都会力争到现场一饱眼福。所以，我熟悉球场规则，也熟悉球迷们的喜怒哀乐以及他们在球场上的情绪反应。落笔时我的灵感如潮，“垫话”从不遵守交通规则开始，写一个球迷种种的丑陋行为。两个晚上就写完了初稿，取名叫《球场上的丑角》。我和于世猷边排练边修改，很快就熟练了。

总理日理万机，但对此事却记忆犹新。到第二个星期，一看到我就问：

“马季同志，你完成任务没有？”

我虽然早已做好了准备，但疑惑他是不是还记着这档事，听到总理问我，我十分感动，赶忙说：“写了一段，恐怕还不成熟。”

“你演我听听。”

总理听完后说：“要录音，反复地放，要教育我们的观众，丢球不能丢人！”

类似的应时之作不可能像一些经典的电影、话剧那样，在艺术上那么严谨，一环扣一环。我认为相声首先强调的是它的即时性，随时随地关注老百姓关注的热点，吸收最新鲜的语言，在艺术上不必过于苛求。一段新相声，在开始的时候肯定有不连贯，甚至相矛盾的地方，没有关系，先把它表演出来，再一点一点地打磨，在实践中把它磨成精品，这样就可以保留下去了，甚至成为经典段子为后代传演。

直到今天，就是已经在电视里播出的相声，过后演员自己也感到有些地方还需要做一些改动效果会更好，观众也有类似的反映，那么，在下一次演出时就可以改进。好作品不怕改，精品往往是在不断地修改、打磨中产生的，哪一段经典的相声段子，不是经过千锤百炼才传唱至今的呢？但是相声如果失去了它的即时性特点，就与人民大众失去了血肉联系，相声就退出了普通百姓关注的中心，成为边缘性的东西，今天相声的衰落，与它的即时性缺失有很大的关系。有些人一味地强调传统相声的技巧，死抱着传统不放，不加分析地排斥即时性是很迂腐的。其实传统相声在它产生的时代是具有即时性的，之所以受到欢迎，让人们产生共鸣，是与那时的百姓生活息息相关的。在一台相声晚会中，穿插几个传统相声还挺好，如果全部是传统相声就不上座了，你必须有新段子，反映现实生活的新段子。正是在这些不断出现的新的“现实生活”，不断地逼迫着我，也锻炼了我，使我积累了创作和演出“应时之作”相声的经验，也迫使我学会了如何利用传统去为现实服务，现在想来受益无穷。相声创作和演出不能养尊处优，要有紧迫感和使命感，在面对市场经济时更要如此，不能一味地强调社会变革、观众口味变化等客观因素，还是应该多从自身找原因，多在创作上下功夫，这样才能使相声艺术永葆青春，长盛不衰。

六十年代初期，文艺界蔓延着一股强烈的极“左”思潮，表现在对“传统”采取一种虚无主义的态度。好像“传统”就是糟粕，许多优秀的民族文化遗产得不到应有的重视，后继无人。中央已经察觉出了这种倾向，从下面一件事可以看出周恩来总理鲜明的态度。

有一天，节目刚刚演完，总理留我，坐在他的身边。接着，轮到中央歌舞团演出。第一个节目是女声小合唱《放风筝》，唱的是河北民歌，总理听完发火了。这几个唱小合唱的女演员，原来是几年前总理下令，专门从陕北挑来的，放到中央歌舞团的任务是要培养她们唱好陕北民歌，保持陕北风味。可到北京后，她们已逐渐改变了原来的风格，离陕北风味越来越远了。现在倒好，这几位姑娘改唱河北民歌了，而且装扮上也不朴实，一点土味都没有，整个像街头上的大美妞。

总理为此生气，大声问道："中央歌舞团的负责人来了没有？"

中央歌舞团负责人急忙走过来。总理两眼盯着他："你是团长？"

"是。"团长见总理这般语气，不知出了什么事，神情十分紧张。

"我跟你们说了多少次，要保持他们的风味，这不仅仅是保留一个地方歌曲，这关系到我们民族艺术的发展问题，关系到国家的荣誉！把她们调进来，是代表我们国家，你们怎么把这些演员惯成这样？我说过多少次了，你们就是不听，把我的话当成耳旁风！没有老区，能有我们的国家吗？我行我素嘛！这样不行！"总理的脸色冷峻，措辞严厉，一反常见的亲切与温和。团长脑门沁汗，找不着恰当的词来回答，只好连声说："教育不够，教育不够。"

最后，总理非常严厉地说："不能随波逐流，赶一时的时髦，不要丢掉民族的东西嘛！"

周总理非常重视传统文化。为详细了解相声艺术的传统演出形式，他曾请侯先生和郭启儒老师现场表演。那是在紫光阁，侯先生带来沙袋，完全按当年在天桥撂地的样子。郭启儒老师蹲在那儿唱"太平歌

1962 年全国青联大会上受到周总理的接见（右一为马季）

词”，侯先生就用手捏着沙，在地上写字。

总理看了，连连称道：“啊，原来是这个样子，好哇好哇！”这就是当时的中国领导人的风采和神韵。

周恩来总理喜爱民族文化艺术，在任何一件具体的小事上，也是一丝不苟。这绝不是他个人喜欢不喜欢的问题。谁偏离原则，他就旗帜鲜明地讲出来，绝不留情。从这件事上，我体会到，艺术工作者要保持自己的特色，而民族的东西，恰恰是最宝贵的东西。

这样的演出，对我不断提高艺术水平很有帮助。

记得还有一次，由于事先没有演出任务，我的搭档于世猷放假回了老家。一天晚上，周总理让秘书给中央广播事业局（现在的广电总局）打电话，让马季立即到人民大会堂。原来，周总理请梅兰芳先生在大会堂演出《穆桂英挂帅》，招待重要外宾。由于舞台太大，戏较长，梅先生年事已高，中场要多休息一段时间，让我加一个节目。到达后，我很快理解了总理这样安排的用意。总理的意思是“中场休息”的时候，由我来说段相声，填补观众等待的时间。

当时没有来得及找搭档，只好说单口。根据平时的记忆，我说了段《抡弦子》。我知道，这样的演出很锻炼演员；我也知道，如果没有平时的积累，到时就得抓瞎。不管是谁，不管从事什么职业，临时抱佛脚绝对不可取！我的演出博得了观众掌声。下台时与正上台的梅先生走一对面，梅先生抱着拳说：“小马，谢谢你了。”

1961 年，庄则栋获得了第 26 界世界乒乓球锦标赛的冠军，周总理在大会堂为中国乒乓球代表队和新老冠军等庆功，侯宝林和我也应邀参加了接见。

总理见到我和侯先生说：“两个相声冠军到了，我建议乒乓球冠军与相声冠军照个相！”很遗憾，这张照片我没有，但这难忘一幕却长久地留在我的脑海中，刻在了我的心里。

“关键要有自己的作品，”这句话是周恩来总理说的，我牢记了一辈子。那是一次给总理演出后，总理让我坐到他身边，问我：“你学相声毕业了吗？”

我说：“老师就在团里，我要学一辈子。”

“小马呀，关键要有自己的作品。”总理语重心长，一字一字地对我说。总理的这句话对我触动很大，让我思考了很长时间。我已经感觉出了每个字的内涵和分量。“自己”等于特色，特色等于创新。

一条明确的相声发展的道路，在我眼前豁然开朗。

相声创作和演出养不了尊，处不了优。面对“市场”，不能一味地强调社会变革、观众口味变化等客观因素，多从“自身”上找原因，多在创作上下功夫，这样才能使相声艺术永葆青春、长盛不衰。事实也是这样，不断的“新”，正在不断地逼迫着、锻炼着我，使我积累了创作和演出“应时”相声的经验。

领导人的关怀

五六十年代，国家领导人十分喜爱相声，而且也非常关心相声的发展。我在中南海演出的那一段时间里，先后为刘少奇、朱德、陈毅、李先念、罗瑞卿等党和国家领导人演出过。同时感受到了他们的亲切和温暖。

记得有一次，在中南海演出完之后，刘少奇和王光美同志让我们过去照相，我坐在了少奇和王光美同志的中间，旁边还有朱老总。少奇同志还拉着我的手说：“马季同志，相声说得不错呀。”我听了之后，心里感觉很温暖。可惜这张照片“文革”时被抄走了，造反派的头头曾高举着这张照片高喊：“看看马季是怎样给大走资派当爪牙的！”这被当成了罪状。

王光美同志在总结“四清”工作的大会上还说：我到农村去，看到妇女们的劳动场面，就像马季说的相声里的劳动号子一样美丽动人。

陈毅副总理对相声也喜爱，而且十分内行。传统相声，在演出时均穿大褂，除此之外，还没有新的服装形式。一次，去中南海演出前，团领导对我们说：“你们年轻演员演出的新节目，穿传统的大褂好像不协调，是不是应该变一变？这次，上身穿对襟中式衫！没有？到民乐团去借，下身就西式裤吧。”

那天，我们演完后，陈毅副总理来到了后台，见到我就问：“你们穿的是什么服装？相声演员还是要穿大褂嘛，这样才幽默，你们又不是耍杂技的！”

陈毅副总理很幽默，还把周总理拉过来，指着我们说：“总理，我建议他们还是穿长衫！”

总理仔细地打量一下我们的服装，大声地说：“同意。穿长衫本身就幽默。长衫是我们民族的服装，从你们这里把它保存下来，很有意义嘛！”

说完，两位哈哈大笑。

有一次，参加共青团中央和全国青联组织的活动，陈毅副总理到场。我表演了两个节目，一个是《交租子》，用“怯口”，主要靠方言取得效果；一个是《贴膏药》，这是马三立先生的拿手段子，相声的技巧高，幽默性强。演出后，陈毅副总理来到休息室对秘书说：去把马季叫来。我急忙忙地来到他的休息室。陈老总坐在沙发上，我问，陈老总，您找我？他挥着手用浓重的四川话说，过来，过来，不是找你，休息一下嘛。他说对《贴膏药》很感兴趣，但对《交租子》不太满意：“你那个河北话不地道！”可见陈毅副总理对相声是有研究的。

当时文艺界的体育活动也非常活跃，我们在东单体育场组织了一场篮球比赛，我是主力，侯先生为现场指导，登报宣传，招来了大批观众。篮球场上热闹非凡，时时传出高声喊叫。正赶上陈毅副总理路过，就问秘书：“那边是怎么回事？”

秘书说：“是侯宝林和马季他们打篮球呢。”

陈毅副总理笑着说：“这对活宝，又跑这里出洋相了。”

在文登为部队慰问演出，有天晚上宣传队队长说，给你们派个任务，说是要为首长演出。演出地点不知道，为谁演出不知道，谁去演出不知道。等到了晚上通知我和于世猷去师部演出。上台一看罗瑞卿总参谋长在下面。演完之后，罗总参谋长上台来，伸出手来握着我的手说：啊，老相识呀。那个亲热劲真让人心里热乎乎的。还有一次罗总长在沈阳看我们演出，当时演出的节目是《小喇叭》这个段子，演完之后，他拉着我的手说：马季，交给你个任务，就把这段《小喇叭》教给我们部队上，你不要保留呀。我说没问题，保证完成任务。第二天，部队就派了两名战士来学习了。

那个时候中央领导关心相声、关心相声演员的态度时刻让我们感动，觉出相声在文艺当中的地位。他们的关心鞭策着我们去更好的为人民去创作、演出。

还有一次给我留下了深刻的印象，我去北京饭店演出，当时的国家财政部长李先念同志，他跳舞跳热了，要把毛衣换下来，当他脱掉外罩时，我看到他穿的毛衣的肘部已经破得能看到里面的衬衣了。当时我真感慨万千，这就是中国的财政部的部长啊。我不知道现在的那些贪官们该作怎样的感想。

第六章 艰难的『文革』时期

我的成长时代也是我们国家快速发展的时候。五六十年代是相声艺术非常发达的时期，国家对相声的宣传作用十分重视，客观上促进了相声人才的培养和相声创作的繁荣。五十年代末开始的整理传统相声活动更把相声艺术提高到新的境界，如果没有“文化大革命”，会有更多的优秀相声保留下来，“文化大革命”使相声发展来了个急刹车，一批颇有造诣的老艺术家失去了宝贵的艺术生命。

历史的闹剧

1966 年，轰轰烈烈的“文化大革命”开始，我身不由己地卷入政治斗争的漩涡，并很快成为被批斗的对象。侯宝林先生、刘宝瑞先生这些老前辈都被揪出来了。批判“三家村”之后，全国揪出一大批“反动权威”，侯先生、刘先生算是相声界的权威。让我想不通的是我30岁刚出头，也跟他们同等待遇。

我的一些作品被他们抓住不放，其中一个叫《寸步难行》，这个作品的创作背景是当年美蒋曾经在东南沿海派来十九股特务登陆，搞破坏活动，为了提醒大家提高警惕，我写了这个段子。主要描写国民党统治时期，各种苛捐杂税多如牛毛，让人民无法忍受。由于创作的时候水平不高，就套用了侯宝林先生的相声《三棒鼓》中的台词，其中有句台词：“反共救国，人人有责，掏钱吧，老太太！”表现国民党四处征税的情景。不曾想这句话被一个小学生误解了，他在学校写大字时就写了“反共救国，人人有责”八个字。当时人们的政治觉悟很高，出现这样的事情无疑是严重的“政治事件”！学校就把这件事反映到当地公安局，查来查去是马季相声里的，公安局向说唱团调查我，团领导说我作风正派，是很好的共产党员，公安局不再追究。“文化大革命”的时候，这件事又被故意翻了出来，认为我是“披着共产党的外衣，敢于叫喊出蒋介石不敢叫喊的话”。

还有就是《画像》，是我在文登与劳动模范摸爬滚打七个月写出来的作品，县委充分肯定了这个作品，他们认为多年的劳动模范一直没有文艺作品表现他，相声是头一个，县委引以为荣。这个作品肯定会有这样那样的缺陷，这是相声艺术的局限。在作品中我设计了一个包袱，让画家为劳动模范画像，画好后征求我的意见，我说画得细皮嫩肉，不像；画家加点红，像关公；加点蓝，还不像；加点绿，成了窦尔敦了！他们认为我丑化劳动模范，丑化劳动模范就是丑化共产党。

还有一个《西方音乐》，讽刺西方现代派音乐的，我不懂音乐，只是从当时的报纸上摘录了一些资料进行创作。他们说我用自然主义手法去宣扬资产阶级的艺术，客观上起到宣传西方腐朽没落文化的作用。

批斗我的形式十分戏剧化，会场上写着大幅标语“批斗反动权威侯宝林大会”，我被指定坐在会场头一排，按理说，我属于小字辈，只是陪侯先生挨斗。台上造反派大声宣布侯宝林的罪状，说他是反动权威，在相声中诋毁社会主义、诅咒共产党，比如说《寸步难行》中如何如何，然后大喝一声：

“侯宝林，你老实交代！”

侯宝林在台上低着头说：“那不是我写的，是马季写的。”

“马季！上来！”于是，改成批斗我。群情激愤，慷慨激昂一番，造反派最后说：“滚蛋！”我被赶下台。

刚下去，造反派又开始历数《画像》的罪状，又喊：“侯宝林！你交代！”

“那不是我写的，是马季写的。”

“马季！上来！”又批斗我一番，然后又让我“滚蛋！”

然后，造反派又说到《西方音乐》的罪行，他们叫喊着：“侯宝林！你交代！”

“那不是我写的，是马季写的。”

“马季！上来！”……

我很不服气，这种形式无非是在参加批斗会的人们面前丑化我。这时一个相声同行冲着我大叫：“你马季算是什么东西？”我忍不住回敬了一句：“你写一个我瞧瞧。”话音未落，一个耳光扇过来。我虽然不能还嘴，但心里仍然不服。说我反对共产党，我死也不承认！我从一个普通的新华书店职工成长为受群众欢迎的相声演员，党和人民给了我很高的荣誉，没有共产党，哪有我马季的今天?

这场“触及人们灵魂”的“文化大革命”，释放了人性中一些最丑恶的东西，将正常的文艺批评，变成了人身攻击，公报私仇。我不恨那些整我的人，如果没有“文化大革命”，他们也不过心里嫉妒而已，大不了背后骂骂街，传一传闲话，那只算是人性的弱点吧，可是“文化大革命”把他们的弱点放大成赤裸裸的恶。但是他们有没有想到，政治运动能打倒侯宝林先生、刘宝瑞先生和我，也就可以打倒相声。这既是我的不幸，也是他们的不幸。在这场浩劫中，没有幸存者。

那时候我已经靠边站了，每天早晨上班，打扫卫生、扫厕所，等着挨斗。不过，即便是在这种情况下我对相声都没有动摇，相信终有一天我会重新站在舞台上。

我的大字报

关于“文化大革命”有很多我的传闻，凡经历过的人们都知道，那是一场历史的闹剧。真正的人性在那场闹剧中完全泯灭了。而人性中最恶的一面则发挥得淋漓尽致。同志之间、朋友之间、夫妻之间甚至是母子与父子之间，在当时的环境也会反目成仇。那是一个特殊的年代，是一个一切都不正常的年代，身处那个年代我矛盾过、斗争过，也做过一些违心的事情。

在“文化大革命”开始的动员会上，政委说：“同志们，运动开始了，希望大家站稳立场，这是一场你死我活的斗争，回去大家写大字报吧。”

我是听党的话还是听侯先生的话呢？我当然面临着选择。我是一名共产党员，我不能不管党的号召而跟着侯先生跑呀？我也不敢呀！我当然要听党的。

其实写给侯先生的大字报是一个很简单的事情。就是在开滦矿务局演出时，观众反应热烈，一再要求“翻场”，而侯先生对观众却说：“艺术啊，是鱼肝油。鱼肝油丸你们知道吗？一天吃两粒对你身体有营养，鱼肝油虽然不是毒药，一块吃八斤也药死你。”我们在后台都愣了，真敢说啊！骂观众啊？台下有开滦矿务局的宣传部部长，晚上吃夜餐的时候，侯先生没在餐厅吃，让人把夜餐送到自己房间吃去了。

这位宣传部长讲了这样几句话：“我们是这样考虑的，这侯宝林同志啊，给他的荣誉和他的贡献有较大的差距！侯宝林同志的觉悟和观众对他的要求有较大的差距！他的思想水平和他嘴里所说的话有较大的差距……今天晚上的事情我们要以宣传部的名义给中央写信，反映这种情况。”当时我们都在旁边儿听着。

“文化大革命”的时候我把这事儿跟当时的造反派头头说了，他说：“写啊！给他写大字报！”我写了，但没写得这么详细，只是写了“侯宝林同志有时候对观众并不是十分热情”。这样的大字报我写过几张，我认为我没出格！作为一个共产党员我要表态，领导又要求写，这是很正常的。侯先生也给我写过大字报，别人也写过，我也写过别人。当然了，我没给自己写，因为我跟侯先生经历不一样，我没经过旧社会，我没像侯先生那样是名家，我不够格！是啊，我把我自己当成革命者了，但是到后来没想到也把我“揪”出来了，敢情我也不是好人！

那位我一直感觉不错的人当上“造反派”头头的时候，便经常拉拢侯先生，侯先生也为了向这些造反派们买好，保护自己，经常悄悄向他们汇报。这些汇报往往是假的：“马季昨天拉着一卡车的人到二七剧场搞武斗去了。”

“是吗？找几个人，斗马季！”

有两个跟班找到我说：“马季，出来！你昨天干什么去了？”

“我哪儿都没去！”

“不老实！说实话！顽固不化！……滚蛋！”没斗出什么来，让我滚蛋了。

在这里我想多说几句，社会上曾传言，说在“文革”中我打了侯先生一个耳光。有人说，曾就此事问过侯先生，侯先生模棱两可地回答说：“旧社会徒弟打师傅，是常有的事。”侯先生到底说没说过这样的话，我不得而知。但在一些公开的场合出于对侯先生的尊重，我也没有解释过。但现在我可以明确地告诉读者，我从来没有打过侯先生。而且，我一直认为侯先生是我的老师。

但是，凭着这些传言来对待我的那些人，甚至是一些领导，就太不应该了。甚至，粉碎“四人帮”之后多年，在去香港的演出时，还有人把这事拎出来当成他们去香港的理由来说，说是为了做侯、马的思想工作。

假如“文化大革命”中没有我马季，侯宝林先生是不是还会有这样的遭遇呢？我想也会是这样，他也必然是“反动艺术权威”！可是把一切都搁到我头上了，难道就因为我给侯先生写过大字报吗？

到后来，什么事都和我有关了，批斗“剧团”的政委，本来跟我一点关系没有，也把我弄到批斗现场让我“陪斗”。

“把马季拉上来！低头！”

我弯腰低头站了四个小时，累得我的腰疼痛难忍，我稍微直一直腰，“啪”一脚踢在我的腿上，差点没跪在台上。

整个四个小时应该没我什么事儿，批斗的是剧团的领导，一句没斗我。却让我陪了四个小时。这是为什么呢？这是因为他们找不着理由斗我了，让我到剧团去陪斗！等四个小时后，一声“滚蛋”，我却不会走路了，整个身体都是僵的，让人搀扶着才爬上了三楼。

后来，大字报全冲我来了：

“跟马季商榷！”

“跟马季辩论！”

“马季你往哪里逃！”

“马季你不要再为刘少奇翻案了！”

铺天盖地！我都不敢上食堂吃饭了，他们要跟我辩论，路过食堂门口：“马季，别走！”让我站到食堂的台阶上，跟我辩论，名为辩论，实为批斗。

当时，说唱团的领导更有意思了，他指示我和唐杰忠写了一张大字报，题目是《请革命者深思》署名是马季和唐杰忠。其实都是这位领导指使的。因为这张大字报又把我给“揪”出来了，“揪”出来之后让我劳动改造，每天早上打扫厕所。这位领导是走资派，也在厕所劳动。他在那儿擦大便池子，我过去了，他一看我，我一看他，二话没说他递给我一张小纸条，我偷偷一看上面写着：“《请革命者深思》大字报，你一定要承担下来！”我赶紧扔厕所里了。

好吧！我承担下来！就是我写的！

可我不知道这位领导后来自己当了“叛徒”，他为了自己求得“解放”，他“坦白”了。他跟“造反派”的头说：“那是我写的，不是他们写的，那时候我的思想还是非常‘反动’”。

造反派认为他的态度比较不错。于是，“造反派”们把侯先生等一些老艺人拉过去，把这位领导也拉过去了，目的就为孤立马、唐、赵（马季、唐杰忠、赵连甲）。

我还在牛棚。

造反派们高喊：“斗他！某某某说实话了。”

把我和唐杰忠揪出来批斗：“出来！低头！我问问你们，《请革命者深思》大字报谁写的？说！”

那位领导让我承担啊，我只能说：“我写的。”

“唐杰忠，《请革命者深思》大字报谁写的？”

唐杰忠说：“马季写的，可是我们俩的观点一样，我们商量的，应该说也是我写的。”

“谁写的！？”

我们俩一块说：“我写的！”

“某某某，你站起来揭发！”

那位领导站起来说：“《请革命者深思》大字报是我写的，当时我是说唱团领导，我是‘走资派’所以我不能用我的名义写，我把马季、唐杰忠叫来了，让他们抄，抄完了就算他们写的。”

“马季、唐杰忠,《请革命者深思》大字报谁写的?”我不敢说话了，唐杰忠都懵了，接着就是一通狠斗!

“军宣队”和“工宣队”开始审查我，我历史上没问题，解放的时候我十七岁，旧社会我没有胡作非为，新社会一心扑向毛主席、共产党，没有过一点儿反动思想，拿雷锋当榜样，一切模范行动我都带头搞，国家发了我布票、棉花票我都献出来，我不怕审查呀。

查了半天，只是在批判我的时候上上“纲”:“马季是什么人呢?他是资本家的门徒。”因为旧社会我在上海学过徒，我那么点岁数学徒去，我是童工!是受剥削受压迫的，我成了资本家的门徒了?我妈妈是农村出身，既不是地主也不是富农，他们说我是“地主婆的后代”!我爸爸是一个小商人，给人家打工，负责给老板买粮食去，他们说我是“大奸商的后代”!就安了这么几个头衔。没办法，你斗吧，爱怎么斗怎么斗，反正我没问题!也挨打了，也挨踹了，不就完了吗?

后来我知道了，批斗我的稿子是那位“领导”写的!

他们是找不着我一点毛病，要找着我一点毛病，我准活不了!最后，不得不宣布我“解放”。就算我“犯有严重政治错误，鉴于马季同志在作品上还比较积极向上，多年工作还对自己有一点要求，以及长期的表现，我们觉得他应该划为‘人民内部矛盾’，我们在这里郑重宣布:马季同志‘解放’!”台下哗哗一鼓掌，就算“解放”了。刚宣布完毕，“造反派”的头头站起来了:“我们在这里宣布:马季同志光荣地被批准第一批参加‘五七干校’。”

我申请了吗?你们就批准我?紧接着大喜报就贴出来了，马季是头一个。“工宣队”的问我:“怎么样?你被批准了。”我说:“我没意见，我早就应该走。这也是你们早就安排好的，我一点意见没有。但是我走之前，我要提一点意见：我要问问那位领导我是哪个大奸商的后代？我是哪个地主婆的后代？那个资本家的门徒？我希望他能拿出材料来，我好在上面签字。”

“文化大革命”是一场闹剧！谁都别埋怨谁！能怨谁呢？“文化大革命”把中国人都弄成疯子一样，那是一场浩劫啊！

但是在“文革”中不管怎样，我对相声一直是有信心的，相声我一定要继续搞下去，因为我太爱她了！你不让我明着搞，我暗地里搞；你不让我说相声，我暗地里琢磨相声。所以在“五七干校”突然让我写相声的时候我在锅炉房里也能写出相声来。

我跟别人说过，“文化大革命”对我来说，我不把它看成是对我的迫害，它是我的财富！我甚至庆幸我赶上了这个阶段！我要不挨斗去，我怎么能看到各种形形色色的嘴脸！我对人性怎么能有更深的理解？

第七章

『五七干校』的经历

嫩江的两次历险

我们广播系统三百多人，在 1969 年的 6 月进入了靠近祖国边陲的“五七干校”，“五七干校”在东北的嫩江地区，离嫩江县还有 176 公里，到那里我们要拿着“边防证”才能进出。我们待的地方是一个废弃了的养马场。因为那里的气候条件十分恶劣，十月份上冻，地下都是“塔头”地，一个大包、一个大包长着草，远看是一片草地；等化了冻，就成沼泽地了，走路不小心就能陷下去。周围全是沼泽地，夏天与外界交通断绝，冬天结冰才能与外界通行。这里有四害：蚊子、马蝇、小咬、老鼠，无论是它们的数量还是它们对人的攻击力，都令人永生难忘。

去“五七干校”前马季与儿子马东（六个月时）

冬天上冻了，马车、汽车和运输工具才能进来。

在那地方只能种一季麦子，用“康麦音”播种机，种上了就不用管它，就等着收了。要是赶上收麦子的季节下雨就收不回来，割掉了也不行，拉不回来。马车、拖拉机陷里头根本出不来。只能用火一点，烧着了，来年作肥料了。

有一次，我和中央广播电台的播音员金钟一块到麦子地里去干活，割完之后一看拉不回来了，我说我这带着打火机哪，他说：“不用，我这有火。”唰，他就点着了。

我们回来了，他给打成了个“反革命”！说他“放火烧粮食”。当时我还说我这有火，亏没用我的火啊！要用了我的火，我也是“反革命”了。

这“五七干校”的地址是广播局“造反派”的头头选的。他们说了:“这一帮人就给他们送这儿来，以后爱怎么着怎么着了。”那地方当年的日本鬼子都没敢进的，我们去的时候那儿还有日本鬼子修了一半的军用机场哪，养马场也是废的，让我们上这儿来其实就是折腾人，变相劳动改造。

在嫩江的“五七干校”里，我在厨房干活，主要的任务就是揉面，做面食，一天到晚就干一件活儿，面揉完了，蒸上屉就没事了。有一天干完事之后，拿起鱼竿和原来少儿部一位同事钓鱼去了。

我没有时间概念，秋天的夕阳很快就落下的。我和那位同事，往出走了不到一个小时，天就黑了下来，可我们还没有找到一个水泡子。不知不觉天愈来愈黑了，我们俩有些慌了，因为已经看不到回去的路了。我问那同事还记得来的方向吗？他说不记得了。这时天已经大黑了，我问他，怎么办？他说不知道。我对他说，我觉得今天要出事儿。

我们凭着记忆试探着往回走，深一脚浅一脚的，越走越觉着不对。当我看到前面有一片亮光试着走时，突然感觉脚下一滑，一只脚陷了进去。我的脑子还是非常清楚的，这是“塔头”地，我告诉那同事咱们不能再动了，否则咱俩非陷进去不可。只能这样等待着救援的人来。此时，我真的有种恐惧的感觉。

夜更黑了，天也显得更加空旷。当时我想，也许今天就交代在这儿了，我还能不能活着回去呢？因为到了夜里那地方经常有狼出没，而且经常会碰到群狼。

又过了一会儿，我恍恍惚惚觉得远处有隐隐约约的光亮，我对那同事说，好像远处有灯光。他说，是，好像是拖拉机。灯光渐渐近了，有很多人跟着拖拉机的灯光走过来……

原来是晚上点名时，发现没有了我们俩，有人告诉说我们去钓鱼了。干校的领导一听就急了，说这是什么地方去钓鱼，天这么黑了还没回来，这不是找死吗。就发动了干校的全体人员出来找我们俩，而且出动了拖拉机。回去之后，我们俩在大会小会上作了好几次检查才算过关。不管怎样，没有出事，也算我们俩幸运了。这算我在嫩江的一次历险。

由于批斗会批的，我的腰间盘骨质增生了，一阴天下雨我这腰就动不了，疼得要命。到十月份了，嫩江的天气就冷了，大头棉靴子，大皮帽子，大皮衣我都穿上了。有一次我挑担子，刚一起来，哎，坏了，犯病了，动不了了。

马增慧看见了："怎么了你？"我说："坏了，又犯病了，动不了了！"她扶着我进屋，我躺了几天。没办法只能拉到齐齐哈尔的医院看病去。到了医院大夫看了看说："你这病啊，我们这儿治不了。"给我开了一个诊断书："建议此人回原地治疗。"我拿回去给"五七干校"校长看了，校长说："这样不行，让他回去吧。"这样把我打发回北京了。

十月底，让我回北京。我一个，还有帮助我们"五七干校"修电锯的一个师傅，一块走。用大马车把我们从干校拉出来，拉到公路边上的边防站，等过往的车，再搭人家的车去火车站坐火车。好不容易等来了一辆车，一看车上拉的是煤，上头坐着七个人，还有一个武装部的政委，有一个去城里看闺女的老太太，闺女生孩子了，挎着一篮子鸡蛋，她进城去看望，另外还有几个人。

“你们上去吧，”开车的说。就扶着我上去了，修电锯的师傅就跨坐在车的边上：“我这不远，前边就到了，我就这儿跨着吧。”车刚要走，后头又来一辆车。车上没拉什么东西，比较空，就有俩人站在车上。司机就说：“哎，你们俩下来吧，上那个车。”就把我扶下来了。修电锯的师傅说：“我不下了，我这就到了。”他没下车，车一溜烟就开走了。

那辆车往前走了不到六十公里，车就翻了！那个老太太让煤给捂死了，那位政委也给捂死了，政委带的一个小战士，围着政委的尸体转圈，拿着手枪“乓乓乓”往天上开枪呼救。车一翻时把我们修电锯的师傅给甩到稻田里去了。我们赶上来一看，坏了！赶紧下来，救人！我也忘了腰疼了，赶紧上前把修电锯的师傅搀起来！其他人也搀起一个来，扶到公路边上在那儿坐着。后来来了一个大铲车，连人带铲车一块扒这些煤，受伤的人被送到了医院，死去的人不知如何处理的……我真是命大，庆幸自己没有坐这辆车，否则不堪设想。这是我在嫩江的第二次历险。

带病去河南

1969年林彪一号命令下达：“凡是在边境一带的‘五七干校’一律撤回内地！”准备打仗了！林彪的命令下达了之后，广播局“造反派”不能不另外选址了。因此，又选到河南省周口地区淮阳县。淮阳县古代叫陈州，就是包公陈州放粮的地方。自古这儿就是个穷窝。

我在北京治病，三个月的时间。“五七干校”撤到河南，上面告诉我们：“一个不许少，一律撤到河南！”火车从嫩江把干校的一些物资直接拉到河南，通知我马上到河南报到。毛主席1968年10月的“批示”上写着：“广大干部下放劳动，这对干部是一种重新学习的极好机会，除老弱病残者外都应这样做……”我是“病”啊！“我们不管哪个！谁病也不行！”我只有老老实实去报到，参加开学典礼。

开学典礼由广播文工团参加，“军代表”入校，宣布：“文工团要改造也得改造，不改造也要改造！”我们的校址是一个废弃了的农场，这里是“黄泛区”，是黄河故道。当时废弃的农场里堆积了大量的“蔓菁”，这种东西是专门用来腌咸菜的，也叫“芥菜疙瘩”。

一开始不给粮食，就吃“蔓菁”。这种东西要是腌成咸菜，还挺好吃，可我们是当饭吃！上笼屉蒸，蒸好了软了咕叽，气气烘烘。一点咸淡味儿没有，就是那种“芥菜”味儿。一顿饭给四个，爱吃不吃。一星期改善一次生活，吃酱油面条。倒点儿酱油，里面搁一把盐，再搁点葱花，拿这个拌面条。每次改善生活，我一次能吃一斤半，“多了不行啊！”多了就占便宜了。

我们的主要工作是漏粉和插秧。

漏粉，就是把我们种的白薯，收上来，用机器切成片，然后打碎了，变成糊状了以后，拿开水和，和好了把它漏成粉条。我们干什么活呢？我们负责用开水和这些打碎了的白薯。一口大缸，盛满了白薯糊，我们四个人围着这口大缸，当地请来的师傅负责挑水，开水挑来了，“哗”往里一倒：“下手！”四个人“唰！”下手就和，手一进去，手上的皮全破！“快点！”“哗哗哗！”顾不得手了，玩儿命和吧。等下一缸，再换四个人……

这哪是人干的活啊！人家当地老百姓和白薯糊用一块木板，我们不让用，不但不让用，而且还有个名词，叫“高温、高速炼红心”！改造我们哪。

有一次，夜里加班，漏粉。因上一次改善生活，剩下一点炸油饼，已经搁了两三天了，也不好吃了。大家加班，加到夜里十一点，到连部请示一下，把那些炸油饼给大家吃了行不行？连部问：“这是谁出的主意？就这资产阶级思想就得改造！”炸油饼没给吃不说，还挨了一顿臭批！

插秧，就是种稻子。插秧的时候，天不亮就起床，一吹哨，紧急集合！排着队到秧田，天还没亮哪，什么都看不见。插秧的时候提出一个口号：“三百米不抬头，五百米不直腰。”旁边还有人高呼口号：“下定决心！不怕牺牲！排除万难！争取胜利！”我干活的时候始终有人监督着：“马季，别偷懒！”因为我的腰还不行，让我负责筛秧，有人把秧苗扔到田里头，我把绳儿解开，都摞好了，搁在一块木板上，顺着水推到负责插秧的人面前。他们都往我这儿扔啊，我弯着腰紧忙活，可我的腰不行啊，这怎么办？我穿着大裤衩子，一屁股坐在秧田里，坐在那儿能省不少劲儿，就这样干活。从天不亮开始干，一直干到晚上天都看不见了，这才收工。排着队回去之后，谁都不顾一身的泥，倒头便睡，再讲卫生的人也顾不得洗一洗。第二天，天还没亮，又去了，连着一干就是好几天。

烧砖、出砖，也是我们要干的。

马季夫人于波（中）与妹妹和儿子马东

砖烧好了，打开砖窑的门，一般情况下应该凉一天才能进去搬。可我们不行！不凉！我们“五七战士”排好了队，一人发一副白手套，打开窑门，一声令下“冲！”跑进去，热啊！抱起几块砖，赶紧往外跑！搁在那儿，再到队伍后头排好队，一个一个接着再往里冲。一个晚上，进去十几次！在我们种果树时，军代表要求我们迅速挖坑，挖好后跑步前进十米，继续挖下一个坑，稍慢就招致一顿骂。劳动强度很大，晚上我们躺在地铺上，有时就谈谈未来，有人说：“我看农村挺好，只要不给我戴帽子，我就在农村结婚生子，一辈子不再想舞台了。”有人说：“我死活得回城里去，我上有老下有小，回去让我蹬三轮给工厂送冰都行。”看得出来他们对相声不抱什么希望。我当时的想法是：“我对相声寄予希望，相声是老百姓喜闻乐见的文艺形式，现在我们被迫隐姓埋名在这里，一旦周围老百姓知道我们的身份，他们会强烈要求我们说相声的。我相信党和政府不会封杀相声。”在“五七干校”，我找了几个喜欢相声的小年轻，看着没人，就关在小屋里说相声。

对相声充满希望

那时，民间曲艺也没有了，但是人民群众对文艺的朴素直觉令我惊叹不已。不知从何时起，一批忆苦思甜的“专业户”应运而生。他们所讲的内容屡经“高手”锤炼、拔高，趋于公式化，但是他们运用的手法新鲜活泼。淮阳地区有一位老贫农，姓皮，人们尊称“皮大爷”。他的忆苦思甜享誉一方，经常被附近“五七干校”请去做报告。为了增强效果，还像古代“俗讲”那样，穿插当地流行的河南曲子。我记得有这么一段：

唉！领导同志到俺皮庄，把俺请了来，叫俺做报告。啥报告呢？俺没什么文化，就讲讲过去俺受的苦，主要是为你们改造思想。你们是知识分子，知识分子就是这个臭毛病，站这山上，望着那山。哼！瞧瞧，你们一个个的，穿皮衣，戴皮帽，还戴着眼镜呢！你那个眼镜跟贫下中农就不对光。从哪儿说起呢？俺十八岁前没穿过衣裳，苦哇！父亲早就死了，老娘带着俺弟兄两个，苦哇！俺那个哥哥比俺大几岁。俺娘把他送到地主家看庄院去。第二天来信啦，说俺哥哥死啦。咋死的？庄院的狗咬死的！（哭……）

（哼过门，然后唱一段河南曲子）

俺哥哥在地主庄院里受的啥苦可想而知呀！俺哥哥死了以后，俺娘的眼泪都哭干了。实在没有办法，俺娘的身子骨不大好，那时俺还小呀。俺娘说啦：儿啊！找你大姨去，要块干馍吃！俺家有个大姨，家里生活挺好。大冬天，俺赤着脚，跑到大姨家，掀开门帘一看，可巧正在蒸馍呢。那馍呀，啥样的都有，刀切馍、手揉馍、剪子馍、糕黄馍，样多着哩。那馍暄腾得很，出锅以后，掉在地上，“叭！叭！”乱蹦。俺跟大姨说：“俺娘让我来，要块馍吃。”你猜咋样？大姨说：“馍还不够俺家吃的哩！”这可真是呀，亲不亲，阶级分。一气之下，俺上了山，打了捆柴。树枝扎的浑身是血。扛到集上卖了，买了块馍。俺手捧着，赶快跑回家去，给俺娘吃呀。一进门，唉！正赶上俺娘咽了气……俺娘一死，可就剩俺一个了。

（又哼过门，然后唱一段河南曲子）

如此说了唱，唱了说，一直持续四个小时。从皮大爷的表演中我看到普通百姓对说唱艺术的喜爱，如此严肃的忆苦思甜都能用说唱的形式表现，相声必然会有重见天日的时候。

就这样，我在淮阳的“五七干校”整整干了三年多！

还有一次，我母亲被医院诊断为肝癌，已经腹水，行动不便，生活不能自理。医生讲，还有半年的时间，你们家属要做准备！

当时我正在干校，家里就让我请假回去一趟，商议商议怎么办，然后我再回来。我赶紧把请假报告递到领导那里，领导的态度是不允许请假。但是他又不肯说出来，怕当面得罪我，就说：“我们研究研究吧。”我就等着他研究，一个星期过去了他还不答复我。我到连部去了，问我给领导的报告批了没有？领导的答复是“你那个不批准，‘五七干校’很紧张，你们老太太身边又有女儿又有儿子，你弟弟、妹妹都在，所以，你没有必要回去。”

我不能说什么，更不敢说什么。只好不回去了。多亏我妈妈命大，大夫是误诊！全家人都惊动了，我一个表姐夫从贵州弄来了药方，治腹水，吃了一些日子的中药，腹水下来了，我妈妈能下地了，还能轻轻地扫扫院子。我知道后很高兴。

我爱人于波到“五七干校”来了，说是探亲，其实还有别的事情——她的所在单位“铁道兵文工团”要发展她为共产党员。团领导让她到我们干校来一趟：“去找他们的领导汇报一下这个情况，看看马季现在的处境如何。”

她来了，当时的领导十分热情：“于波同志欢迎你啊！你现在情况怎么样？”

“团里准备发展我入党。”

“好啊，祝贺你呀！”

“马季怎么样？”

“马季没有事儿，在‘五七干校’再待一阵儿也就差不多啦，他没有任何问题！你回去跟组织上讲吧，该外调外调，该弄什么材料弄什么材料。”

“我们组织上有一个想法，想请您给我们组织上写一个马季的证明材料。让我带回去，组织上好做决定。”

“啊呀……这样吧，你先回去，我马上就写，写完了我马上给你们寄去，寄铁道兵文工团是吧？”

于波跟我一说，我们俩人都挺高兴，看来于波的“组织问题”就快解决了！于波回去了。没过几天，这领导给留守在北京的某某某打了一个电话，让他给我写这个材料。具体怎么写，他做了指示。里边

从“五七干校”归来时的
马季与儿子马东（4岁时）

写的是“马季生活糜烂，马季怎么怎么反动，马季如何如何……”完全是去干校之前整我的时候，那一套东西。

材料写完了，留守北京那位把信寄给了铁道兵文工团团长焦乃积。焦乃积打开一看，哎哟！马上给团政委看，团政委一看：“广播文工团怎么现在还写这样的材料？这怎么行？就叫王金宝同志到广播局去抄马季的档案。”王金宝就去抄了，我档案里清清楚楚，没有问题。他们写的那份材料，焦乃积亲手把它撕了。

等我被“解放”以后回到北京，才知道了这个事情。但是，没有得到任何人的道歉。我真的想质问一下，这是为什么……

我们这些文艺工作者们招谁惹谁了？

1969年到嫩江，1970年到淮阳，一直到1972年回北京，加在一块近四年！

就是在这样的艰苦环境下，我脑子里想得最多的仍然是相声。

干校的经历想起来很辛酸，但是我热爱我的事业，平时总在琢磨生活中的可笑之处，干校丰富的生活素材加上我对传统相声技巧的驾轻就熟，当可以让我创作相声时就得心应手。那期间创作的一些段子给附近的干校演出，感觉还不错。

不久我就先行调回北京，安排到广播文工团创作组工作。我和我的相声艺术有了一线生机。我为相声的这一线生机感到由衷的兴奋。

第八章 特殊时期的创作

我常说，我是幸运的，运动冲击到我的时候，正是我对相声艺术有了一定的积累，需要沉淀、升华的时候，“文革”嵌住了我的嘴，却给了我思考的时间。“文革”中我虽然也创作了一些相声，但在那样一种环境下，创作十分艰难。

几经周折的《友谊颂》

我从干校回来，北京还不允许演相声。1972年5月，天津为纪念毛泽东《在延安文艺座谈会上的讲话》发表三十周年举行业余文艺汇演，这一消息惊动了北京文艺界，许多单位和个人纷纷前往观摩。我和唐杰忠也赶到天津。这次汇演虽说是业余性质，但是有许多专业人员参加，节目丰富多样，出现了几对相声。我们很兴奋，感到相声复出有了希望。其中铁道部第三铁路设计院业余文艺宣传队演出的一个相声，内容是表现修建坦赞铁路的事情。他们去过坦赞铁路施工现场，有生活，很新鲜，但相声技巧谈不上。我看了这个段子，就想拿回来修改。我跑到后台找到作者一商量，作者很痛快，“好哇，马季同志，谢谢你了。”段子拿回来，我和王金宝一起修改，这是我和王金宝的第一次合作。

这一段时间，我的腰椎有病，严重的骨质增生，压迫腿神经，阴雨天犯病的时候，腿动不了，必须卧床休息，这是在“五七干校”落下的病。我从“五七干校”回来后，有一次正犯病在家躺着，曾在“五七干校”当军代表的北京南口某装甲师参谋长，为部队办一个晚会，就开着车来接我去演出。一看我的情况，他说：“走，上我们卫生队给你治治。”我妈不明白，直掉眼泪，“人都这样了，怎么还拉走啊。”拉到部队，打了一针吗啡，上台演出没事，之后就留下来了。治疗过程很长，是按摩治疗。我就正好利用这个时间修改相声段子，就把王金宝叫来了。当时殷培田和于万海也赶去看我，我们四人就一块儿讨论修改方案。师部给我们安排住在招待所里，吃在部队食堂。一改就是几个月，左一稿，右一稿，有机会就试演，多么盼望相声能有出头之日啊！但就是通不过。当时哪有相声啊？曲艺只通过了一个单弦《一盆饭》，一个快板书《奇袭白虎团》。

在这段时间我时常感叹：相声想恢复演出，真不容易啊！《友谊颂》改出来后，王决同志组织录音。然后拿着录音到南口二七机车车辆厂、铁道部援外办公室征求意见，意见反馈不错。又派我们去充实

马季在工程兵某部体验生活

生活，学一些斯瓦西里语，因为段子里有许多斯瓦西里语，是跟援外战士学的，不怎么标准。

一天上午，在二七剧场，我们要向于会泳为代表的文艺组领导汇报演出，争取审查通过。

临场前的气氛，异常紧张。北京曲艺团的协理员做演出动员，他说:“今天，是我们的生死关头，就看你们的表现了！一定要把过去的表演程式、动作都去掉，不能带一点旧痕迹，千万别油！这关系到相声的生命问题，希望大家争这口气！”

我也紧张，因为身上的“担子”太重了。还好，没出什么差错，顺利演完。演完了还是紧张。因为还得等待结果。时间在焦急的等待中一分一秒地过去。吃过中午饭，广播局的一位领导叫我们：“过来，过来，这个段子没有通过。”

“为什么？”

“一个根本问题没有解决！”

“什么问题？”

这个领导拿好姿势，慢条斯理地说：“毛主席讲，三个世界的问题，在你们这里体现不到。不客气地讲，人家提出的意见是说，这个段子跟毛主席提出的论点唱反调。你们的作品老讲这样的话，什么‘援助坦赞’，这是大国沙文主义的表现。国不论大小，从来都是相互援助，你们总是援助人家。你们知道不知道中国加入联合国，坦桑尼亚是第一个投赞成票的？”

“那怎么办？”

“改！”

我们把这些意见，转达给二七机车车辆厂的工人，工人们不干了：“设备是我们出的，人是我们出的，多少人牺牲在那里，‘援助’两个字都不许说，我们不理解！”

可是，我们不能这样说，要往“三突出”方面修改。老实说，那时候一听到上面要“提意见”，心里就紧张。《友谊颂》是我们政委传达的意见。真是如履薄冰，战战兢兢。后来的《山鹰》、《海燕》都是中央文化组亲自传达意见。人家传达，我记录，手一直在哆嗦。

中央文化组的这个人是谁?

不认识。

过后，赶紧打听:“这位是谁呀?”

“拉胡琴的。”原来是样板戏剧团的，不懂相声，可以随意批评“相声”。不懂什么就批什么，没顾忌!这不会是当“领导”的学问之一吧。

修改是在广播局负责宣传的军代表亲自领导下进行的。他说，段子头一句就是问题。头一句是“好多年没跟大家见面了”。一说这句，观众就乐。而且长时间的热烈鼓掌。因为观众几年都没听相声，相声演员几年没跟大家见面了，观众知道侯宝林戴高帽了，不知道马季去哪儿了，现在终于见面了。说这么一句话，寒暄寒暄，这是我掌握观众心理才写出来的一句话。

当时的一些人认为“侯宝林、马季”这类人，张口就是这样的话，表现了他们对无产阶级文化大革命的不满情绪。只好改成:

甲　相声演员应该经常深入生活，深入到工农兵群众当中去。

乙　对。

甲　您看我最近出了一趟门。

乙　您上哪儿啦?

甲　我出国了。

原来第一句话后，直接接“您上哪儿啦”，本来不是哏，大家听了都乐。可见，当时的民心开始对少数人操纵的“文化大革命”的反常行为已经怀疑和憎恶了。

还有一段：

甲 我爬到了高处，向非洲朋友一招手，哎呀，怎么这么热呀？

乙 嗯？不可能吧？那地方是海洋性气候，温度最高也就三四十度。

甲 三四十度可热。

乙 五六十度？

甲 热！

乙 八九十度？

甲 热！

乙 别热了，再热就开锅了！

甲 这比开锅还热呢！

乙 怎么那么热呢？

甲 我靠着烟囱呢！

……

军代表又提意见："万吨轮上有烟囱吗？"

傻了。

我和唐杰忠赶紧跑到天津，到远洋公司一问，人家说万吨轮上有烟囱，还很粗呢。我们赶紧回来汇报："万吨轮上有烟囱。"

"一个光荣的援外战士跑到烟囱上干什么去了？"

我只好说实话："不是为了找这个包袱吗？"

最后，把"为什么热"改成"非洲朋友对我们热情洋溢，我们是热血沸腾，所以热到一块儿！"这一改，观众不乐了，好不容易找的一个包袱没有了。还有"狗撵鸭子呱呱叫"，他们认为"狗"不文明，有骂人之嫌，让修改。改成什么呢？他们说"鸭子下水呱呱叫"、"鸭子打架呱呱叫"，没法子接受，干脆删掉了。折腾了很长时间，把所有的"援助"二字都去掉，还是没有通过。审查组"一锤定音"：怎么改都有原来的痕迹！

我和金宝感慨万分：咱俩的水平就卡在这儿了，没法提高。

本来，以为《友谊颂》就完了，没想到竟然又起死回生。这年的五一劳动节，北京市几十万人民大游园。颐和园、劳动人民文化宫、中山公园等都举办游园活动。新闻电影制片厂要拍花絮，拍成纪录片。这些新闻纪录片，要在全国电影院放映。新闻电影制片厂的人不了解其中的内幕，他们在中山公园拍摄时，指定要拍我们的《友谊颂》。那天，露天演出，气氛非常热烈。是观众长期没有听过相声了。下台后许多观众还跟我握手祝贺。本来是高兴的事，可这让我们提心吊胆。因为观众喜欢的往往是"领导"反对的。

制片厂把这个段子中的两分钟镜头，编到纪录片里。电影审查归姚文元管，姚文元看后没有说什么，就算审查通过了。他这儿一通过，电台、电视台也顺势播出。因为当时姚文元比于会泳官大，所以过后也没有找后账。

整个中国曲艺界万马齐喑的时候，相声作品《友谊颂》还是诞生了。《友谊颂》是"文革"开始后，我真正创作修改的第一个相声，倾

70 年代初马季与唐杰忠在山东军区

注了心血。尽管作品中留有鲜明的时代烙印，可总算给人们留下了深刻印象。最终，《友谊颂》与全国人民见了面。自播出后，收到全国各地不少听众的来信，信中充满对相声艺术的感情。有的信里还充满对当时文艺政策的反感和抨击。看后，都不敢保留，付之一炬。相声就是在这种政治环境下，在夹缝中生存，不求有功，但求无过，至于如何达到艺术上的发展和创新根本谈不上。

当时，我的状态就是拼命地挣扎。指导思想就是：“只要为相声争得一席之地，此生就没有白来！”“文革”以后，听到一些反映，说

70年代初马季在河北青县与劳动模范张兰秋

“文化大革命”时期相声不景气，但是只有一个人最受宠。这“一个人”指的是“马季”。说相声不景气是事实，但说“受宠”不敢当。“文革”中有整人的，有挨整的，有整完人又挨整的。是非颠倒无人幸免。现在，“文化大革命”过去没多长时间，奇怪的是“许多事情”竟然没法说清楚了。

人生苦短。不愿花很大的功夫，无聊地去辩解，去为自己解释什么了。愿意有生之年，再为相声做一些实实在在的事情，我想会更重要，更有意义。

马季、于世猷与全国劳动模范张富贵在一起（张富贵是相声《画像》的原型）

一些事情，总得有人来做；

一些苦，总得有人来受。

《友谊颂》毕竟是我在那个年代，一次特殊的创作经历。这段相声的很多语言，成为当时的流行语言。而且，很多六七十年代出生的人以为相声就是从那个年代开始的。

1973 年，我到山东农村体验生活，我在我的老朋友劳模张富贵的高村住了一段时间，创作了《我爱新农村》。陪同我的有烟台市文化馆的于舟，随行的还有警备区的相声演员张超和李营。之后我们去大渔岛采访了渔村生活，过去出海捕鱼是男人的事，妇女不能上船，认为女人上船不吉利。但是大渔岛却出了个“三八船”，清一色全是年轻妇女，在胶东地区颇负盛名。我们就是为采访“三八船”而来。

我们在大渔岛生活了几天，因为不能随她们出海，主要靠交谈访问。我们了解了一些捕鱼的基本常识，搜集了一些渔民的生活素材，也体会到了渔民的性格。

马季八十年代率团到部队慰问（后排左二起：王景愚、赵炎、赵连甲、姜昆、郝爱民、唐杰忠、李文华）

最使我感兴趣的是渔歌，高亢激越，充满乘风破浪的豪情。我有了创作的冲动，于是对于舟他们说：“这几天，你们爱上哪儿上哪儿，晚上回来睡觉就行，让我一个人关在屋里，五天后咱们讨论初稿。”因为当时招待所住了外宾，大队书记毕可友同志就给我们在大队部临时开了个通铺，我需要安静的创作环境，只好请他们几位暂且回避。以前我从未接触过渔民生活，写的过程比较吃力，经常停下来找人补充素材。现在，有了活生生的素材，创作时就得心应手，随心而发了。

后来我总结几十年的创作实践，感到一个优秀的相声作品一定要具备三个要素：一是敏锐的观察力，洞察人情世故，发现生活中新鲜感人的事物。二是广阔的生活面，深入生活，汲取创作的源泉。生活是我们的老师，到什么时候都不能偏废。我一再强调这一点，就是想给后来人提供一点经验，没有生活的瞎编绝对不行。今天有一些人搞创作，就是几个人在酒店中瞎侃，一个人记录，然后就出作品，这样的作品生命力长不了。三是厚实的传统基础，所谓“熟读唐诗三百首，不会作诗也会吟”就是这个道理。传统相声是一辈辈老艺人在演出实践中不断完善出来的精品，它们与相声观众心理最贴近，恰当自如地运用传统技巧是新作品走向成功的捷径。我现在很是担心，相声作者本来就少，而有些作者对传统相声了解不够，又不肯费力费时深入生活，一味地闭门造车，用一些浅薄庸俗的东西充作“包袱”，哗众取宠，长期下来，积弊甚多。

引起风波的《战歌嘹亮》

1976 年，中央文化组给说唱团发来通知，7 月份要举行全国曲艺调演，主题是“反击右倾翻案风”，要求作品必须写“路线斗争”，写“走资派”。团里紧急召开会议，立即布置下去创作新节目的任务。

当时考虑到侯宝林先生没有新节目，就把《老青年》这个节目给了侯先生。上面要求，再创作一段。于是，就有了后来引起很大风波的《战歌嘹亮》。

当时，我带着唐杰忠、李文华、赵连甲、郝爱民以及团里的创作人员杨锡钧等，下江南深入体验生活。这“江南”，即是我和唐杰忠、杨锡钧，一个月前才离开的桃源。

采访中，印象最深的有两件事。

第一件是采访重阳河坝。这座河坝是当地同志自力更生建起来的。公社坚持要修河坝，以解决本地几千亩灌溉问题和附近几个村动力和照明发电问题。可是重阳公社很贫困，除了粮食之外，其他收入微薄。讨论中，观点交锋比较激烈。一部分人认为劳民伤财，要修，请上面拨款；另一部分人坚持自力更生，宁愿少分配也要修河坝。结果后者占了上风。

经过一年多艰苦奋斗，全社劳力挑土凿石，用竹筋代替钢筋，修起了河坝，能发电，能灌溉，被评为自力更生修水利的先进典型。

第二件事是修“三八渡槽”。这座渡槽二百多米，全用石头砌成。在比较贫困的和平公社，它能灌溉一千多亩农田。我们去采访时，渡槽已经修好，正在搞后期配套工程。当时有一百多名妇女在山间凿石头，叮叮当当的声音，不绝于耳。渡槽横跨两山之间，石头是深红色，像一道彩虹，格外雄奇。我们看着姑娘们灵巧地打石、凿石，深深地被吸引了。她们告诉我们，虽然很苦很累，但她们都不怕。还自豪地伸出已有老茧的手说：“这座渡槽，就是我们妇女凭两只手打出来的。”

采访回来，我们集中在桃花源山上小招待所创作。大家聚在一起整理、研究采访题材，讨论了很久，确定了一条矛盾主线：自力更生与“等、靠、要”。我们设计了一个青年女大学生回家务农，带头兴修水利，自力更生搞水利建设。还设置了一个对立面：“摇头书记”，请示他什么事都摇头，总是强调困难，什么都“等、靠、要”。整个作品以战歌贯穿。

这个作品构思很认真，但是由于受政治斗争的束缚，创作时总是战战兢兢，写起来很不顺利。为了节约时间，我和王兆元老师采取了大家讨论完的框架，由我口述，王老师笔录，有争议的地方，停下来讨论，然后继续下去。这样写作，往往事半功倍，后来我们写作就沿用这种办法。经过四天苦熬，终于拿出了“摇头书记”的初稿，名为《战歌嘹亮》。

《战歌嘹亮》这个段子，是我一生创作中，最违心写作的节目。我和唐杰忠排演时，不知是什么原因，排练总不顺利，老唐的词儿和战歌的调门老记不住。排练后先在县城剧院演出，我感到效果不如第一次在桃源演出那么强烈。接着，县委书记和文化局局长陪我们去桃源纺织厂慰问演出。这个纺织厂有职工、家属一万余人，在广场搭台演出。观众热情洋溢，寄予厚望。那天，我们偏偏不争气，老唐唱战歌找不到调门，我也慌了手脚，两人草草演完“摇头书记”一段，为了补救，又演了其他两三个小段子匆匆收兵。后台休息时，我正在发愣，忽听到县委刘书记和王老师在嘀咕：“我感到这个节目没有《老青年》好，为什么硬要写一个摇头书记呢？”

王老师解释：“这是上面交的任务，非写路线斗争不可，不然，他们回去交不了差。”

刘书记忧心忡忡地说：“你给马团长说说，我总认为，少写政治上的东西为好。”

我感到一阵阵发冷，心里不是滋味。

回到北京，正是“反击右倾翻案风”如火如荼之际，部里、总团听了汇报演出之后，部里的一个负责人说：“这个节目，加加工还是可以的。中央文化组有指示：‘现在反击右倾翻案风，每一场晚会就是一场战斗，每一个节目就是射向邓小平的一颗子弹！’这样吧，明天，

马季与唐杰忠

你们演员参加再汇报，我、总团负责人，另外再找几个人，大家集体研究，认真修改！”

第二天，在总团负责人办公室，我和老唐又去汇报。逐段汇报。因为我们只是写“等、靠、要”与“自力更生”的矛盾。

刚说了几句，部里负责人一挥手：“这里停停！这个地方，太含蓄了，你得点名，就点邓小平的名嘛！”我们一听，这怎么改？兴修水利与邓小平有什么关系？

马季在茶话会上表演节目

“文艺作品嘛，怕什么呢？这地方点名！后面可以含蓄一些，还保留了他的党籍嘛！”这位部领导非常坚决。

一句一句往下说，按照他们的意见修改。因为节目骨架不好改，这位“领导大人”就是主意多：“开头加点‘反击右倾翻案风’的内容，结尾把‘摇头书记’安上一个‘小平头’，让‘摇头书记’哭。”

最后，“领导大人”又得意地嘿嘿笑，说：“这种‘底’，似是而非的，让他（指邓小平）去想，让观众去想，很好！为突出战斗力，题目就改为《战歌嘹亮》吧。”

改！

写过那么多节目，可我从未见广播局的一把手，能这么具体，亲手指导，一字一句，修改节目。当时的情况下，这样“关照”的作品，获奖百分百。当年七月初，“全国曲艺汇演”，它果然成为“优秀节目”，而且《人民戏剧》立刻发表了。

一年以后，总团和广播电视局开展清查运动，检查执行“四人帮”极“左”路线的错误。这件作品重新被提起来，有人说：马季曾投靠“四人帮”，《战歌嘹亮》就是例子！

摄于九十年代末

风声传到我的耳朵里，真是有苦说不出。

说我这个段子写错了，没话可说，因为奉命而作。上面错了，我也错了。但说投靠谁谁谁了，太牵强！于是，在广播电视局批判那位“负责人”的大会上。我把这个节目的产生、演出的经过，说得明明白白。这世界上的人们就是奇怪，你越说真话，就有人越是不信。可我的性格决定，我不说假话！

事情还没有完，人们还在继续怀疑。这个时候，有好心人提醒我说：“能找到原稿不就真相大白了吗？”马上去找原稿。我写作有个习惯，改过一稿，就把前稿扔掉、毁掉。自己肯定没有原稿了。打电话给王兆元，谢天谢地，他还留着！他说：“你可以把我们当初创作的原稿给他们看，‘批邓’的内容不是我们的原意。”

他立刻将原稿给我寄来，我交到部里，这件事才算平息了。

在这段时间我创作了《友谊颂》《海燕》《战歌嘹亮》等在当时来说很流行的相声段子。我不懂得政治斗争，我一心一意地爱着相声艺术。在那样的艰苦的条件下，我不怕受委屈，不怕受误解，我努力地创作和表演相声，就是想实现我的一个愿望，我要为相声争得一席之地。

下部

第九章 走自己的路

“文革”以前以及“文革”中的创作，条条框框很多，可以说，我在很多情况下是在起着政治宣传员的作用。1976 年粉碎“四人帮”以后，特别是随着国家的改革开放，思想的进一步解放，加上多年的生活和积累，我在相声创作上进入了高峰期，真正开始了对相声艺术本质的探索。

1976 年 10 月，党中央粉碎了“四人帮”，亲朋好友团聚一起，举杯欢庆，再次获得解放后的欣喜之情无法用言语表达。说唱团组织演员和创作人员突击写作、排练。为了抓紧创作，我从湖南请来王兆元老师，住在我窄小的家里，与我一起构思创作。

自从听到粉碎“四人帮”的大好消息后，我就一直在思考如何用相声作品声讨“四人帮”的问题。这些年来文艺界备受“四人帮”的

马季和李文华

摧残和迫害，我想刻画核心人物江青的丑态，揭露她的丑行。跟团里创作人员研究时决定写江青的一次“出巡”，在人们面前现形。我和王老师创作时沿用以前合作的老办法——我边想边说，他记录，不妥之处停下来讨论。在这期间，我创作了大量的作品。

辞去团长职位

1985 年，我正式辞去了广播说唱团团长职务，并推荐姜昆当上了团长。

说实在话，这个团长我早就不想当。1978年，我与唐杰忠、赵连甲在海南体验生活，团里去信，正式任命我为广播说唱团团长。这个团长权力不大，但事情不少，大到传达文件，组织演出，小到添置一把笤帚、报销2分钱存车费。上面还有总团领导、老艺人坐镇，我没有官瘾。当时我就表示干不了，但上级领导说你虽然是名演员，但也是共产党员，应该服从组织安排，于是勉强上了任。但这个团长实在牵扯精力，而上面配的书记、副团长等人又对说唱团的业务不太熟悉，我感到当团长已经影响到了创作。

辞去团长后，我调到总团创作组，除参加说唱团必要的演出外，平时在总团专心创作。当时我痛感到相声表演越来越走形，打打闹闹、哼哼唱唱、胡拼乱凑之风日益严重，缺乏严肃认真的创作。也许是我保守，对这样的“新事物”不能理解，但是我感到相声作为语言艺术的魅力在减弱。于是，我有了举办专场相声演出会的想法，也想借此机会表达我对相声的看法。演出前开了新闻发布会，我公开宣称这场相声演出会就是让观众看一看，真正的相声是什么样。

1987年3月我成立了“马季相声作品演出会”创作班子，在团中央招待所集中创作、排练。这次活动得到青岛一家企业赞助的八千块钱，就有了创作费用。创作排练是在全国政协开会期间，我请假到招待所集中。3月17日全队人员到齐，演员有11人，除我之外，有赵炎、王金宝、刘伟、冯巩、王谦祥、李增瑞、戴志诚、郑健、刘惠，还有工作人员五人。总团团长亲自召开动员会，紧张有序的集中创作、排练开始了。12天，我们创作了一台节目。

在集中之前，我有了不少素材，也写了几个初稿，刚集中之时，

马季与唐杰忠

王兆元老师因为拍电影的事到北京找我，我就请他帮助我创作。在短短的十二天中，我们写出了《笑的探讨》《老少乐》《无名者》《婚丧嫁娶》等新节目，修改了相声小品《买表》。大家抓紧时间排出新节目后，又排了原来演过的《五官争功》《一仆二主》《四字歌》《美》《百吹图》等几个节目，这样可以拿出群口、对口相声十五段，相声小品两个轮流演出。这台节目运用了相声的多种形式，比如说《五官争功》，五个演员合作演出。刘伟、冯巩演出《婚丧嫁娶》，说农村婚丧嫁娶中的人情债问题，办喜事、丧事往往变成捞钱的机会。王谦祥、李增瑞表演的《无名者》说的是虽然有很大贡献却始终默默无闻的人。新创节目还有相声小品。这些段子创作出来后，政协会还没有结束，我就给政协委员来了一场汇报演出，两个多小时的节目受到一致好评。我对演出组的人员说："要发财，不要到这个剧组来，我们这个集体是相声探索的集体，从我开始每个演员每场只有补助50元，工作人员30—40元。"

马季与徒弟姜昆（一九七七年）

我向团里打了报告，征得说唱团领导的同意，说唱团请示电视台，电视台同意作为演出单位之一，这台节目就是以中央电视台、中央广播艺术团的名义主办。因为当时明星“走穴”风很烈，有些报纸已经点了我的名。为了避嫌，我坚持让团里领导带队，并要求派专业会计。4 月 5 日我们开始出外公演，这次巡回演出共计 7 个省 21 个市，演出 120 场，行期两个多月，总收入 16 万元。其间，不管名演员还是青年演员，报酬是一样的。直到现在参与相声晚会的人都很怀念那次愉快的合作，大家感到那是纯粹为了相声艺术的合作，那种思想境界，那种其乐融融，是一次没有瑕疵的合作。我们不计回报，每天过得紧张而充实。

这次演出小队人员虽然来自几个团体，可大家志同道合，亲如一家。装台、卸台、搬运、卖节目单等，都是演员、工作人员齐动手，从不误事。记得在深圳演出时，车到得比较迟，大家连夜装台，干到凌晨 5 点，刚装完台，一个个倒在后台呼呼大睡，不管地板干净不干净。看到这种情景，我自然而然想到乌兰牧骑、轻骑队这些深受群众喜爱的演出队伍，我们这支团结可爱、战斗力强的小队，不正是这样的队伍吗？这支队伍不仅台风好、作风好，政治素质也很高。在深圳演出时，听到大兴安岭火灾的报道，大家异口同声地表态:“在深圳演出的两场收入，全部捐出救灾！”虽然数目不大，但队员们的爱国之心、赤子之情是可贵的。这次演出锻炼了年轻演员，开阔了大家的眼界，我们深入到工厂、农村、海岛、部队，把演员们的艺术感觉与广大人民大众的思想感情连接起来，艺术是要接“地气”的，人民大众是生我养我的大地，离开人民大众，艺术就成无根之木，无源之水。

马季与刘伟、冯巩等

演出后，我们向广电部领导作了演出汇报。然后我叮嘱剧组人员到税务局登记纳税，他们都纳了税，我比他们纳的税多一些，因为我的底薪高。然后我准备继续筹划一场“马季相声小品演出会”，但是意想不到的事情发生了。税务局首先打击了我们的热情。在南京演出时，当地税务局不许剧场跟我们结账，随团的财务人员跟他们解释，这不是个人组团演出，而是艺术团和电视台的演出，不存在分钱的事，也不需要个人纳税。南京税务局不理睬，写了一份报告给北京市税务局。北京税务局展开调查，据剧场经理告诉我们，他们不问剧组结了多少钱，而是问马季从剧场拿了多少钱。结果剧组挣的钱都算在我一个人

马季与赵炎在群众中

头上，开始我就担心人误会，特意想出来的那些办法都没起作用。税务局领了两个新华社的记者到团里查账，团领导积极配合查账，为我开脱。团领导还主动解释了两件事，一件是我们在广州演出时用演出费买过一台音响，有些剧场音响不好，影响演出效果。另一件是买音响时顺便又买了一台录像机，也是为了工作上方便，我们买之前都请示过有关领导，得到批准后才买的，而且是由广州文化局批条，在文化局下属的一个音像公司买的。此外除了各项费用开支，剩余的全部上缴团里，这些现在都有据可查。税务局咬住不放，说我们没有集团购买指标，违反财政规定，罚款三万。团领导为了息事宁人，很痛快

马季与马三立先生

地答应了。但是团业务处处长到税务局交罚款时又遇到麻烦，罚款单上写着付款单位是“马季”，交涉无果，团里给我打电话，让我通融一下。我立即表示不同意。如果现在我同意了，十年后我就说不清楚了，虽然这是小事一桩，但是原则问题。出了这样的事，小品演出会就没有再搞。

演员与“走穴”

对于演员的“走穴”，社会上有很多的议论，褒贬不一。我是这样理解的，所谓“走穴”是演员的一种演出形式，旧社会叫跑码头。演员要尽到他的职责就得演出，这也是他的生存方式。80 年代，文化成为了商品，演员的“走穴”风异常强烈。我们身处这个潮流中，也跟着上当受骗。

1988 年的大年初二，我们接到总团批来的演出通知，是河北邢台市政府的邀请，举行新年老干部联谊会。团里派我和赵炎、王金宝、殷秀梅，还有外团的王景愚组成了演出队。我们乘火车天蒙蒙亮时到了邢台市。两位彪形大汉来接站，只有一辆后开盖的老式吉普车，于是 7 个人挤在车内。我问接站的人：

“这是什么演出？”

“工厂俱乐部。”

“不是市里组织的吗？”

“那是市政府开的介绍信，要不你们不来 ......”

我知道上当了。但既然来了也只好如此了：

“演出怎么安排的？”

“今天 3 场，明天 4 场。”

“这怎么演啊？”

“马先生，这还是少的呢，上次姜昆来，一天 7 场！”

我们听了心里一凉，但也没有办法。我们被直接拉到了剧场的后台。接待的人推开一间休息室说：“马先生住这里，这是单间！”

我一看，屋里有四张床，到处脏兮兮的。床下脸盆里有尿，还有扔的烟头！下午 2 点就要演出，只好将就着忍一觉了。中午，来人招呼吃午饭，到对门工厂的职工食堂。春节放假，食堂只有两个大师傅

1987 年 2 月送马东出国学习（左起：王金宝、马东、马季、赵炎）

马季与王景愚、杜澎等

值班，煮了一大锅面条摆在那里，天冷早已没有了热乎气儿！同行的王景愚身体较单薄，生活比较仔细，看着一锅糟面条实在没有胃口。我们只好到街上寻找饭馆，但节日期间没有开门的。最后找到了一个卖大饼的，再买些猪头肉，回到宿舍凑合吃了午饭。

坚持着把7场演完了。最后一场演出完，我正在后台卸妆，来了一位戴眼镜的中年人："马先生辛苦了。一会儿吃完夜宵我们还要赶路。"

"去哪儿？"

"鹤壁。"

"没听说还有鹤壁的演出啊？"

"这都是一个合同的演出，我们早已交费了。"

"为什么当夜就走啊？"

"白天黄河桥堵车，一堵就是七八个小时……"

我愤怒了，这简直是不把我们当人了！这些"穴头"为了挣钱，根本就不管演员的死活！我要回北京向团里反映。我与赵炎分头行动，他吸引了"穴头"们的注意，我和王金宝、王景愚乘当夜的火车返回了北京。后来，据赵炎说，他们当夜赶到河南鹤壁，第二天上午9点就有一场演出——怪不得一定要坐夜车呢！观众看到我们没去不干，在台下起哄。赵炎到台上将此事的前前后后说了，并承诺马季一定来这里演出，取得了观众的谅解。10天以后，我和赵炎专门到鹤壁演出了3场。这次大年初二的邢台演出，我们两天演了7场，却没有拿到一分钱的演出费。

类似的事件还有很多，我想每个演员都会有我这样的经历。其实，

马季与齐飞表演河南豫剧

在这些演出中，真正受益的是那些“穴头”，他们两头剥削。

我赞成演员“走穴”，也不反对演员在演出中获得适当的报酬，但我认为金钱不是衡量演员价值的唯一标准，我们应该有更高的追求。

湖南常德的桃源县是我的生活基地，我从70年代开始在这里创作了很多作品。1986年我和赵炎、王金宝等人在桃源创作、排练了《五官争功》。

这时常德地区的专员和宣传部长来桃花源看望我们，要求我们在常德市演几场。我爽快地答应了，过去十几次来桃源，每次写新节目都在当地免费汇报演出，既是感谢地方对我的支持，也可以借此检验

马季与小品演员赵本山、徒弟常佩业

一下作品。但是宣传部长说他们这次是售票演出，要给我们报酬，我认为这样的演出就变了性质，改变了我们的初衷，没有答应。后来王兆元老师建议我可以将演出收入捐赠给公益事业，我同意了。当时桃花源山上电力不足，晚上 12 点以后就停电。于是就决定由王老师代收演出费，为桃花源山上买一台发电机。王老师此时已经是县文化局局长，桃花源是他管的单位，他非常感激。

演出还未开始，接到北京总团的电报，说接到当地有关部门的通知，让我们停止演出。我们感到很纳闷儿，这是怎么回事？原来，听说我们的这个演出后，省广播局的艺术团想参加，但地区文化局没有同意，只安排地区文工团参演，于是省团向演出公司告状。演出公司也不调查直接就给北京发了电报，说我们私自演出。还给演出剧场下了指示，停止未完成的演出，封存演出收入待处理。我当时很气愤，在当时“走穴”风如此盛行的时候，我们这样的义演是很难得的，而作为肩负有弘扬和推广文化事业责任的演出公司，不仅不支持，还横加阻拦！演出完后，我与地区文化部门的领导去省里讨说法，省委宣传部的领导听取了我们的汇报，对我们的演出给予了肯定，并表示此事应大力提倡。

最后结算的演出费共五千元，这在当时是一笔不小的收入，我们分文未取。桃花源文管所特地为我和赵炎、金宝立了一块碑，我写了

马季与政协委员交流

八个字："建设仙境，添砖加瓦"。这个碑至今还在山上。其实桃源给我的创作灵感哪能用五千元报答得完呢？

在市场经济的今天，我依然怀念我们当时的创作环境，桃花源提供给我们的住宿是免费的，我们为当地群众的演出也是免费的，大家水乳交融，亲如一家，没有金钱的计较，只有感情的牵挂。

我的苦恼

演员的工作是很被动的，有时是身不由己的。我属于广播艺术团，早期主要是为广播服务，电视发展起来了，我又跟电视台打交道，其中有不少故事。

1985 年中央电视台在首都工人体育馆举办的春节联欢晚会很不成功，现场乱哄哄，效果很差，特别是电影演员陈冲上台讲话时说："今年是你们中国人的本命年，也是我的本命年，我也系了一根红腰带。"这是原定台词中没有的，因为是现场直播，这些话就直接播出去了，这些话在群众中产生了不好的影响。此事惊动了上级有关部门，在总结会时要追究责任。我在那次联欢会上是主要的主持人，陈冲是由我引上台的，调查组的同志问我，为什么让陈冲上台讲话？我说不是我安排的，我是接受导演的指令，于是一层一层地追查。会议开到了近中午，因为下午有演出，我就提前离开了，我认为已经把责任说清楚了。谁知几天后，我看到了广电局就此次春节晚会写给中央的文件，在提到"陈冲事件"时说，我们的节目主持人（指我），不负责任地擅自脱离台本，将电影演员陈冲拉上台，讲了一些不合时宜的话，我们

对此事件负责 ...... 虽然说是“负责”，但实际上还是把责任推到了我的身上！

就这次晚会还提到了与我有关的其他问题。晚会前，电视台导演听说我与重庆嘉陵摩托车厂的老总熟悉，于是让给他打电话，希望他们赞助一台摩托车，作为晚会的奖品。厂家认为是一个绝好的广告机会，很痛快地答应了，车子很快就送到了剧组。但后来考虑奖品还是应选择与电视有关的，所以车子就被放到了一边，也没有及时退还。由于晚会的失败，造成了很大的混乱，车子也不翼而飞。于是，丢车的责任也算到了我头上。还有更可笑的，我曾经在春节联欢会上表演过相声小品《宇宙香烟》，很轰动。东北某烟厂利用这个题材，真出了宇宙牌香烟，于是有人告状说马季和厂家勾结，在春节晚会上变相做广告，为此，上级有关部门还专门去调查过。问题早已搞清楚，但在这份文件上，仍然把这事又提了出来。

我很不服气，于是给中央宣传部的领导写信反映情况。信被批转到了部里，一位部领导找我谈话，在做了一些解释工作后，向我道歉，让我不要背包袱。但是这件事让我很痛心，也让我重新认识了一些人。

还有一件事。广播说唱团在粉碎“四人帮”后第一次赴港演出，由于侯宝林先生的影响，这次演出取得了巨大成功。正是这次演出的成功，使组织者有了极大的信心，于是，第二年又来邀请。在海外演出，当地注重的是主演，因此，一般只有一位团领导带队。当时，总团的几位领导都到了接近退休的年龄，为了争取去香港，想尽了办法，甚至在上报申请时说，鉴于马季、侯宝林之间的矛盾尖锐，思想工作极其复杂，因此，到香港演出必须加强领导力量！……为了去香港拿

马季参加全国政协会议

我与侯的先生的关系做理由，这对我的伤害太大了，也给不明真相的上级领导造成了极坏的印象。

1989年春节前，我正在中央电视台春节联欢晚会剧组筹备节目，接到广电部部长秘书的电话，要我参加新加坡年初二的“春到河畔”演出。这是部里的安排，我当然得服从。于是我提出提前录制一个相声在晚会上播出，现场演出就不参加了。电视台文艺部主任给我打电话质问我：你这是脚踩两只船！也不听我解释就把电话挂断。过后李双江给我打电话询问情况，我向他解释了情况，他劝我说，台里很生气，还是应以春节晚会为主。我向他表示，我服从安排，对我来说都是演出。后来，可能是电视台做了工作，部长亲自给我打电话说新加坡不去了，全身心投入到晚会！但没过几天，新加坡方面来人了，一听我不去了，马上又去找部里。于是部长秘书又给我打电话说，新加坡还得去！一会儿去，一会儿不去，我只是听任摆布。经过这么几次折腾，我给电视台留下了很坏的印象。还有一次筹备春节晚会期间，临时安排我去贵州电视台录节目。当天正值电视台领导来剧组检查，台长很不满意，认为我不认真。电视台一位女副台长曾经对人说，以后马季不能用！

那几年，我和姜昆一到春节期间就到电视台报到，广播艺术团不满意了，一位副团长对我说，以后电视台的活不能随便接，我们团里的演出怎么办？我们的经济压力也很大，就靠春节期间的演出呢。为这事，两面都对我不满。

我们参加春节晚会的节目版权都属电视台，我没有想过这里有什么不妥。《宇宙香烟》那么轰动，我只得过8元钱稿费，是《中国商业报》给的。我的一辈子都献给了广播电视了，没计较过稿费。有位苏州的老板曾经对我说，《吹牛》就够你后半辈子花了。这个节目电视台不放，被中国唱片广州公司出版了，给了我170元稿费，还包括赵炎的在内。有一次我在政协会议上提到这件事，中国唱片总公司知道了，询问广州公司，对方说，我们也没有办法，这是规定。不过，我们可以做些补偿，马季和夫人到广州来，我们可以免费接待。我当然也没去。社会上有传说，马季是大富翁，有多少多少钱，我感到很冤！现在能挣钱了，但可惜我老了！

1980年到1990年是我创作的巅峰期。90年代后期，我仍然有创作的愿望，但是创作能力不可避免地衰落了。一个艺术家不可能永远保持创作的高峰，能有十年的井喷期已经是十分幸运了，我还有什么遗憾呢？几十年来，对相声我做了应有的贡献，我相信我的使命完成了，希望后来者肩负起自己的使命，将相声这门艺术发扬光大。

第十章 艺友与搭档

从 1956 年到现在，我入说唱团已经五十年了，这期间有许许多多的人和事让我明白了很多道理，无论是学艺和做人都给了我很大的帮助。所以，我还想说说给我留下印象最深的一些同事和搭档，还有创作上的伙伴。是他们让我在相声这条路上走到今天，并一直无怨无悔地走下去。

刘宝瑞先生

刘先生既是我的老师也是我的艺友，而且我认识刘先生比认识侯先生还早。还是进入说唱团以前，在劳动人民文化宫上课时自己就认识了刘先生，他曾经当面说过要教我说相声。

马季与刘宝瑞

刘宝瑞先生是北京人。小时候家境贫穷，原来跟着崇寿峰学艺，后来正式拜张寿臣为师学说相声。十几岁时就去天津与马三立、赵佩茹、李洁尘等在连兴茶社演出，并且经常到广播电台播音。

再后来刘先生曾去济南的光明茶社演出。

40年代后，刘先生还去南京、上海等地演出。他常演单口相声，他把各派的曲艺融会贯通，并形成了自己的风格，被誉为“单口大王”。他是1952年回到北京的，后调到中央广播说唱团。刘先生经常到北京郊区为农民演出，还到工厂辅导工人曲艺队伍，培养了大批青年相声演员。他对新相声的创作，对传统相声挖掘整理，均做出重要贡献。

我在上海当学徒时，刘先生在南京说相声，我和学徒的小伙伴们，晚上偷听掌柜的半导体，那时就熟悉了刘先生。那时，就爱听刘先生的相声，并且把很多刘先生的段子熟练地背了下来。

1956 年是我人生转折最关键的一年，当时被刘宝瑞老师看上了。他说：“你干专业吧，我看你挺有前途，我教你。”这一年我参加全国汇演后，刘宝瑞先生首先成了我的辅导老师，辅导了半个多月，后来我说的段子《都不怨我》拿了个一等奖。这功劳应该归功于刘先生的指点。

后来，我就去了中国广播说唱团。

刘宝瑞先生熟悉历史掌故，社会知识丰富。他擅长描绘社会环境、时代背景，以此来烘托人物、事件。在台上他强调语言、眼神、面部表情的结合，辅以手势，对每段台词都精心设计，他通过长期的相声舞台的实践，形成了稳健潇洒、口风细腻的相声艺术风格。

刘先生为人和蔼可亲，为培养我掌握传统段子，在录制《找堂会》《扒马褂》等段子时，亲自为我捧哏，并将许多传统相声段子传授给了我。

60 年代初，刘先生、侯先生还有我，经常去北京中南海，为毛泽东、刘少奇、周恩来、朱德等党和国家领导人做专场演出，并多次受到亲切的接见。

单口相声虽然是一个笑话或几个笑话的组合，一般听两遍已经笑够，但刘先生的作品不由你不多听几遍几十遍，因为在他甩出的一个个精妙的包袱，总让你不得不听。刘先生的相声主要是揭露封建社会官场黑暗的段子，他说的《珍珠翡翠白玉汤》《连升三级》《知县见巡抚》等等，都是家喻户晓的段子。

听刘先生的节目，人们会认为他是位饱读诗书、博学多闻的艺人，因为他的传世作品里常常出现对对联、写诗词的场景，而刘先生的台风也是一贯的稳健、潇洒，浑身散发着文人气质。但谁也不会想到，刘先生竟没有文化。他是个大好人，一辈子老老实实，认认真真地把相声当成一生的事业追求。

就是这样一个大好人，在“文化大革命”期间，受到严重冲击和迫害，1968 年 10 月 8 日下午，他在北京房山农场劳动时受到现场批斗，当天晚上就逝世了。刘先生到底是怎么死的，我一直也不清楚，当我知道刘先生去世后，非常难过。我的这位老师就这样在“文革”中不明不白地走了。

老郭爷与少郭爷

首先我要说的是郭启儒郭先生，我进团的时候，郭启儒先生是五十岁多一点，还是精力旺盛的时候，侯先生才四十二。他比侯先生大很多。论辈分侯先生叫他郭大爷。

按行里的规矩，进来一个年轻人，就得让最有经验的老先生带。按照这个规矩呢，我进来马上要出去演出时，侯先生就和郭启儒说：郭大爷受累，就把他会演地给他接过来；郭大爷加加班，给他背下来。

我和团里人到北戴河演出，没有别的节目，就在去的路上，郭启儒先生帮我指点。他都是传统段子。我的很多传统节目都是那个时候郭先生给教的。在他指点下的一个传统节目《装小嘴》，在去中南海演出时，很受毛主席的喜欢。

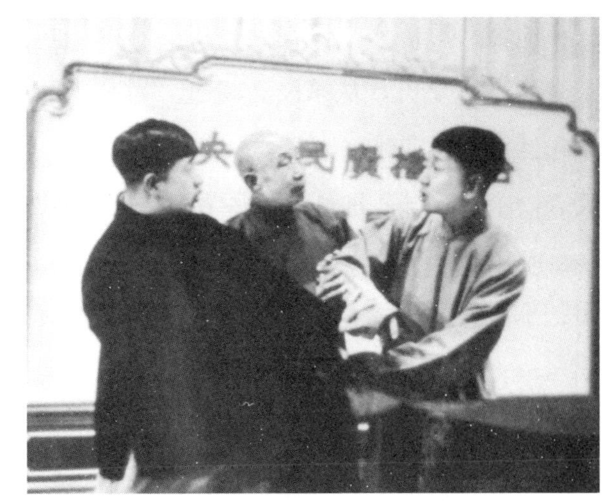

马季和郭启儒（中）杨子阳表演《扒马褂》

在我入团的初期，老郭先生就提出来，人不能老在一棵树上吊死。

前些日子有个纪念郭先生的活动，北京台专访了我一次。我说，我非常怀念郭启儒老先生，他是我接触相声这个行当五丨年以来，最受尊重的老前辈之一，因为我在郭启儒先生那里学到了很多东西，学艺与做人。

郭老先生给我的印象是生活很有规律，我刚入团的时候他的工资是侯先生的三分之一。这是过去延续下来的分配标准。侯先生跟郭大爷去演出，挣多少钱都分三份，侯先生两份，他一份，这是当时的标准。1954 年他进了广播说唱团之后，也是按照这个标准国家给定的级别待遇，基本是三分之一。侯先生二百四十元。郭先生一百一十元。所以老人家生活上比较清贫，当然一百一在我眼里也是不少的，比我多一倍多。但是他有一大家子人呀。他的一家人中没有干这个的。后来他女儿到了北京曲协，那是后来的事。没有说相声的。

他住八里桥，上班在平安里的石碑胡同，后来的广播幼儿园。每天老人准时上班，从来没有晚过。后来年龄越来越大，就在真武庙那个粉楼给老人要了一间房。那房还可以，足有二十平米，安个单人床，老人一个人跟哪儿过日子。每天有演出呢，消消停停地在那儿准备好。

吃饭也十分有规律，到了吃饭点了就提溜着饭盒，是两层加一个盖的那种。到食堂，一般情况下，俩油酥火烧，一个菜。家里准备的西凤酒，老人就喝这酒，二两酒，从不多喝。看着他一层一层的把饭盒打开，就着这菜喝酒的姿势，也像他给侯先生捧哏一样安稳。吃完了休息休息，下午准时上班。谁照顾他呢？蔡兴林（二人转的教员），跟老人的感情很好，所以就当了老人的干儿子。那时候演出很多，外出演出就甭提了，就是在北京，他没有一次是跟侯先生坐小车走，侯先生叫他时，他总是说，我待会再去甭管了，就跟大队伍一块走了。

当时说唱团有一种风气，老老小小都打扑克，早到那儿两拨人，以侯先生为代表的，郭全宝啊等等，都打扑克。郭老先生从来不打。这老人到那之后，搬把椅子，台幕边上一坐，闭目养神，一直到开演。不管你怎么乱，就总是这样。演出之前，侯先生化完妆了，就找郭大爷。他就说，得了，您把这点剩余物资搁我这儿。侯先生就给他化妆。

老人一点额外的要求没有。也从来没见他闹过事，没有。就是这样一个生活规律的人，业务上却毫不含糊。郭老先生论起来，我应该叫爷爷，这么多年没有过一句要求。马三立先生还曾经开玩笑的说过，你是不是得管我叫点嘛（他和郭老先生是一辈的）？啊！是啊！他也是半开玩笑的。

郭先生从来跟你是平等的，尊重年轻人，而且非常好接触。并且对你的业务那是认真负责，但他不是好为人师。1959 年困难时期，没有什么副食，喝酒时就着一块高粱贻软糖，但老人也是自得其乐。所以郭先生在这个行当里，受人尊重，人缘极佳，人称老郭爷。

他有丰富的舞台经验，年轻人在台上怎么出错，他都能给找回来。我和他有过很多次合作，《打电话》，《扒马褂》，《金刚腿》等等，都是郭老先生给我捧的，他也是我的老师之一。

郭全宝也是我敬重的一位前辈，他生于 1934 年，拜于俊波为师，曾在北京天桥、启明茶社，天津谦德庄，济南晨光茶社演出。

1947 年，他在天津参加兄弟剧团，与常宝堃、赵佩茹等名家联袂演出。1950 年，参加中国人民志愿军慰问团赴朝鲜慰问演出。回国后参加中央广播说唱团。

郭全宝先生艺术精湛，捧逗俱佳，风格火爆，幽默风趣，并且擅长单口相声，还精通京剧、单弦儿、数来宝等多种艺术形式。擅演单口和闹活，如《捉放曹》、《黄鹤楼》、《耍猴》、《借火》等。其中 1957 年由其逗哏的相声《好啊，好》曾流行全国。晚年与罗荣寿合作表演双簧。

郭全宝说的段子有激情，挺受欢迎。我记得我们民乐团在莫斯科得了金奖，那时候就这得了金奖的音乐会上也要加上我和他的一段相声。郭全宝长期在这个队伍里，处于不高不低的地位，人们有些不太尊重他，他也习以为常了，他和年轻人打成一片。他的表演风格夸张得厉害，以后台效果强烈为目标。

1962 年，总团长柳荫让老艺人回忆演过的节目，就是后来的相声

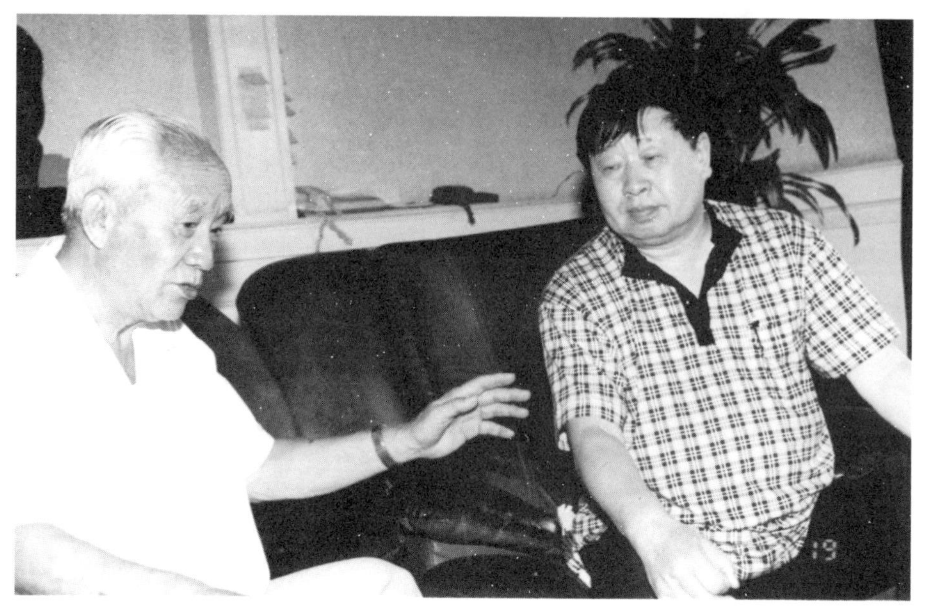

马季与郭全宝先生

经典《四大本》。由于郭全宝丰富的经历，零七八碎的传统经典段子他都记得，所以他回忆的段子最多，我认为郭全宝为传统相声的整理贡献是很大的，好多经典段子都是郭全宝给提供出来的。

当时他经常和我们年轻人一起活动，在团里头。他和我们年轻人一起玩牌，尽管他能和任何人都合得来，但他也个性十足，他输了牌之后就经常抽自己嘴巴。所以我们就得哄着他。但是你故意不赢他，他看出来之后也不高兴，他会大声喊，你们干吗呢！这个人就是这样的个性。

他岁数不是很大，却长了很多的白发，我跟他开玩笑说，您这兔毛帽子什么时候买得？这个包袱，他一直记到死。有时你不说，他还找你，你怎么没买帽子啊。他是老艺人，有老艺人的习气。但是跟别的老艺人不一样。他知道自己在上头不得宠，他就和下面的人平起平坐。他和任何人都能合作，人也太善良了，有点儿老顽童的性格。

困难时期，他的工资是84元那一级的。他买了一辆自行车，擦得亮晶晶的。下了班，挨个饭馆打听。因当时饭馆也没有正经的饭菜，找一个像样的很难。他总是偷偷告诉我：树槐，闹市口，煮窝头，真有油啊！吃两顿了。然后，我就按他说的去改善一下伙食。

郭全宝下班就走，第二天总能有他找到的消息。树槐，你吃馅饼吗？茄子馅的。我告你啊！坐大一路，第三条胡同，唉，我说你也找不着，我给你带来吧！隔一天，他排大队，排完了，吃完了剩两个给我带来。

最让我难忘的是“文化大革命”期间，造反派抓他当活宝耍，他有些害怕。我就问他，你有什么活动？他说：“我一个说相声的能有什么。”

但是，造反派还是没有放过他，郭全宝害怕，造反派问他，他也没说清楚，结果就给他定了个历史反革命罪名。每次批斗他，给他弄一个小黑板，用铁丝挂脖子上，造反派大喊，把历史反革命押上来。然后他就胡说八道，历数自己的“反革命罪状”。

批斗回来后，我们瞧他这小黑板，他自己就说：我没这事。然后他把牌子一摘说，我成卖药糖的了！我说你没事别胡说。我跟郭全宝在那个时期同病相怜，孤的爱苦的，互相支持。看到他这种情况，我心里倒是更有底了。我是红旗下长大的，我能怎么样呢。

我们爷俩就是互相支持，建立一种难忘的感情。造反派们关于他

九十年代郭全宝先生到马季家里做客（左起：郭全宝、马季、王谦祥、刘全刚）

“历史反革命的罪状”实在找不到证据，也实在没有斗他的理由了。可后来，又找了一件事。

有一次他给我拿来一个火烧。当时我的心情不好，不想吃，就搁暖气上烤着。结果让造反派看见了。造反派们问他，你怎么不吃。他说：我吃饱了。就为这个狠狠地批斗了他一回，理由是浪费粮食，当时的造反派们真像疯狗一样到处乱咬人。

1968 年，快要解放我了。郭全宝知道消息以后，主动给我的屋子打扫卫生，他把面上一些大字报撕下了，为这事又斗了他一回。郭全宝你要干吗？他是什么人？斗完了之后，他见着我就冲我叽咕眼睛，这种传达感情方式最感人了，也是最让我难忘的。这样一个老艺人，在“文化大革命”期间，受了很大的委屈，但他从不恨共产党。

后来我解放了回到团里，我一回来，郭全宝一把把我搂过来，高兴地大笑着说：你可回来了！

由于他的丰富的舞台经验和善良的性格，团里的人们都称他为：少郭爷。我和他的感情是很深的，虽然他是我的长辈。

在后来的一次“二七剧场”的演出当中，一个演员学老艺人郭全宝的动作和语言的表达方式，丑化了老艺人，我当时看了很不高兴，我把他叫到后台，我说：这是老艺人的东西吗？你学的那是什么，你要尊重人家前辈。那个演员不高兴。不高兴就不高兴，不高兴我也要说，说相声要先学会做人才行。

“不可乐就可气”是他留给我印象最深的一句话是：相声，不可乐就可气，他的意思是说，如果不能拿出高质量的“活儿”把观众逗乐，那么就干脆不要拿给观众，说相声绝对不存在既不乐也不气的情况，所以相声演员最不能混饭吃，一定要努力提高艺术水平。我想这些是值得现在的年轻演员们好好学习的。

2004年7月12日，郭全宝在北京市垂杨柳医院因病逝世。这是相声的一大损失，也让我失去了一位好老师，一位好艺友。同时，他的离去也是相声一个时代的终结。

最早与最长的搭档

可以说于世猷是我最早正式的相声搭档，他很有灵气，作为捧哏演员一点不勉强，他捧得很准。他聪明，但是他不勤奋，这就是我给他的评价。为什么这么说，你给他个相声段子，说好十天拍戏录音，他准玩八天，第九天开始。尤其是1963年拍《门灯》时，表现得非常突出，甚至到了快演出时才开始对词儿。

他也是侯先生的徒弟，喜欢喝酽茶，那是侯先生给惯出来的，因为侯先生就喝酽茶。我们当时喝三毛钱一两的茶叶末，侯先生喝八毛的，侯先生很喜欢他，每次侯先生总是拿着他的缸子说，给你一杯。这样，他也就学会了喝酽茶。

他的记忆非常的好，有一次，我在《人民日报》发表了个《为农民说相声》的文章。他是眼瞧我写成的。当时，他弄了个大头针钓鱼，在小河沟旁，我坐在他的旁边一边写一边问他我们演出时的情况，他把当时所有的事情给我重复了一遍，问他什么他都能记起来，我能发表那篇文章的确有他的不小的功劳。

我和于世猷搭档很多时间是去农村演出，为老乡演出。我们带着演出穿的肥袖长褂，遇山爬坡，遇水蹚河，走到哪里，演到哪里，不分地点，不讲场合，把相声送到农村的千家万户。所到之处，大受欢迎，常常一连说上四五个段子，热情的老乡还在一面鼓掌，一面喊着："再来一块儿，再来一块儿"当地农民习惯把"一段"说成"一块儿"那时候，不论传统相声还是新段子，都比较长，四五段相声就得说上近两个小时，直说得喉咙发干，像着了火，我就对群众说："你们稍稍等会儿，我喝口水再接着说。"

那时，当地的村里对农民正在进行社会主义教育，晚上常常开会，会前会后，村里就让我们用相声来个"序幕""尾声"，像当年"俗讲"穿插民间故事似的，大受欢迎，效果也特别好。

马季与于世猷

到了晚上，吃罢晚饭，农民喜欢找我聊天，越聊人越多，聊着聊着，有人就喊："把汽灯点起来，相声大会开始。"我也从来不推辞，又"撂地"演了一场。于世猷也从无怨言。

在大庆期间的经历也是我最难忘的。尽管我和他闹过一次不愉快，但是在那么艰苦的条件下他能经受住了考验，我还是很佩服他。大庆体验生活完了之后，回北京要做一次大庆专场汇报演出。大使馆抢票的最多，这是个动向，因为中国政府没有说发现世界性的大油田在什么地方，所以我们的这次演出节目审查得非常严格。涉及到气候不能说，涉及到地方方言不行，节目逐个审查。我和于世猷说的两个相声，一个《报捷会》，一个《岗位责任制》。还有黄枫（黄宏的父亲）说的一个山东快书。其中说的一个罗师傅，用国产产品代替进口的。还有歌曲《我为祖国献石油》等等，节目都不过关，要修改。就把我们集中在戏剧学院，人家放假，我们修改。于世猷也没事，就出去玩，他从来不愿意搞创作。虽然他不愿意创作，但业务上讲，我和他没有什么可担忧的。

“文化大革命”一开始，他成了逍遥派，开始还比较正常，后来就开始揭发我的罪状。

原来，说唱团有早晨读报纸的习惯，一是学习，二是练习。于世猷向造反派爆了一些猛料。一条是奚落毛主席，那时候报纸上刊登了一张毛主席与民主党派领导人的照片，毛主席旁边是沈钧儒先生，沈钧儒个子不高，比毛主席矮一大截。我喜欢找包袱，就开玩笑地说：“沈先生太矮了，找毛主席说话就麻烦，他一打手势，毛主席说，您说话就说话，怎么抠我肚脐眼？”这个玩笑被于世猷告诉造反派了，这是丑化领袖人物，这在当时是上纲上线的罪状。

另一个罪状是给领袖人物排号，去中南海演出时，我们习惯上称毛主席是一号，朱德是二号，刘少奇是三号，还有四号、五号等，别人说我也跟着说，但是于世猷单说是我给编的，我的罪就大了，这是用蒋介石青红帮的流氓语言来称呼我们的领袖，被造反派抓住不放。事情过去后，我并没有记恨他。我知道这都是造反派的头头一手导演的，他一看于世猷是马季身边的人，于是就拉拢他，于世猷就是糊涂。造反派们让他疯子一样的，逮什么说什么。后来他也被送去“五七干校”了。

1972 年我回北京后曾主动提出到“五七干校”接他回来，但领导没有同意。后来他去了天津曲艺团，我们一直保持联系，直到他去世前还时不时打个电话，偶尔还见见面。听说他还喜欢听我送给他的相声带子，并对朋友说："听听这一段，这是我和马季说的。"都老了，过去的一切都已成为笑谈。我七十岁生日时还请过他，可惜他有病没有来，过了一段时间他打电话告诉我，他手里有一张我们俩小时候的照片，他说让女儿抽空送到北京。我说，好，哪天咱见见面。

后来就再也没有见到，他于 2005 年 3 月份去世了。

唐杰忠是与我合作时间最长的搭档。从一开始接触，我对他印象很好。我们之间关系很融洽。他最早是说快板的。他是在广州军区杂技团当干事。他们那个团出国任务很多，团一出国，他这个干事就没什么事了。他的母亲住在北京的西红门，他很想家，所以经常回北京。他是 1949 年从沈阳参的军，跟着林彪的部队南下到了广州。

由于母亲的年岁大了，他很想回北京发展。就找机会说上北京学习学习。他找到高元钧老先生。高元钧老师就领着他上说唱团了。白凤鸣团长热情地接待了他们。安排他跟着刘宝瑞先生学习。我当时在团里业务在蒸蒸日上，和他又是同龄人，所以我们很说得来。学习完了，回广州之前，他和我说想回北京发展，说能不能想想办法，回来干什么都行，我就是想我妈。他回去了之后，还让他出国去了莫斯科，参加世界青年杂技节。他在莫斯科还给我打了电话。

有一次演出碰到他，他让我给罗瑞卿总参谋长打电话，看能否把他调回北京，他知道罗瑞卿首长喜欢听相声，和我很熟，但是我不敢打。

1973 年春节在北京内燃机总厂演出

过了一段时间，我去上海拍电影去了，住在了上海的大沪宾馆，随便聊天时候，我知道这个宾馆很不一般，发信能直接送到罗瑞卿首长的办公室。我就想起来唐杰忠的事情，就给罗瑞卿首长写了一封信，大意是这样的：首长，我们说唱团缺少年轻的管理干部，我们发现广州军区一个干事可以大有作为，看看首长能不能支援我们一下。没出一个月，我还在上海时，一天晚上十一点多了，唐杰忠给我打电话说，首长批了，说批文上写的是："部队有困难也尽量支持他们。"这之后他的调动工作就一路绿灯，一个星期他和他的爱人就到北京了。又过了一段时间之后，罗瑞卿办公室来电话了，电话打到说唱团，打电话的人说："我是罗办的，首长问你们要的人报到了吗？"我们说："报到了。"那边说："那就好，我们向首长汇报。"我没有想到，这样一件小事，罗瑞卿同志都惦记着。唐杰忠调来北京之后就赶上"四清"去怀柔了。回来后又赶上全团"四清"去安阳。"四清"完了没多长时间，"文化大革命"就开始了。

"文化大革命"一开始我们就成了马、唐、赵反革命集团（马季、唐杰忠、赵连甲）。我们心目中把唐杰忠看成军师一样，大主意让他给拿。因为他是部队来的，比我们大两岁，觉得他有主意。

后来我从干校回北京之后，就找到当时的领导，我说于世猷要回来了，我们这些年有些分歧，他揭发我很多问题，我能不能去接他，和他谈谈。后来请示了之后，说你要去接他回来，你也别在广播团了。我说那我怎么办？那位领导说，那你跟唐杰忠在一块吧。从此我和唐杰忠成了搭档，一说就是二十年。在这二十年中，我们说了很多有名的段子，《友谊颂》《海燕》《舞台风雷》等，我相声的第二个高峰期的很多段子都是和唐杰忠一起说的。

有一段时间，总团领导认为他行政办事能力很强，要调去当业务处长。但是他还想给我捧哏。我认为他一面当处长一面给我捧哏，这不行，专职相声演员不能兼职，这影响节目的质量，所以我们就分开了。后来他和姜昆也合作了一段时间，我还看到他出了书《笑佛唐杰忠》和光盘《唐杰忠绿叶集》。

还有两个搭档就是赵炎和刘伟，我将在后面的章节中叙述。

创作的好伙伴

在我几十年的创作生涯中，共创作了三百多段相声作品，除去那些为了适应特殊的政治形势而突击出来的一次性作品，我自认为比较满意的、在不同时期受到群众欢迎的代表性作品，很多都是在我的创作伙伴的帮助下完成的，可以说，这些作品也充满了他们的智慧。在我的创作伙伴中最值得提及的是王兆元、杨善智、王金宝和于舟。

1962年，我参加文化部组织的文化工作队在山东文登农村调查，对这里很熟悉，也很亲切，后来我把烟台地区当作我的创作基地，多次长时间的在这里体验生活，搞创作。我的很多段子都是在这里诞生的。在这里我还有了更大的收获，就是认识了在我后来创作中给予了我很大帮助的于舟。

于舟是烟台艺术馆的创作员。我到这里后，他就陪同我们一起下乡搞调查。我们第一次下农村，正赶上他刚新婚第三天，但他毫不犹豫："这样的机会那儿找去？我去！"我对他很佩服。在共同的工作中我们逐渐熟悉起来。在创作上，我们有许多共同语言，我的很多作品他给了很大帮助，如《海燕》、《手与脚》、《我爱新农村》、《宇宙香烟》等。

70年代我为创作《海燕》与唐杰忠、于舟还有山东警备区文工团的两个学生到大渔岛体验生活。我们五个人住在招待所临时为我们腾出的一间房子里，屋里只有一个大炕，白天我们四处采访，晚上就睡在一个炕上。于舟一直与我在一起，在船上采访几位女主人公，并讨论创作。材料积累到一定程度，我趴在炕上用五天时间写出了《海燕》

马季与于舟在一起

的初稿，于舟提出了很多修改意见，这个作品后来获得了很大的反响，可以说于舟起了很大的作用。

我们在创作上很默契，我有了创作任务就把他请来，在一起讨论、切磋。有时我有了一些想法，他能够很快地在细节上落实。如为长江洪水灾害的赈灾义演时，我临时想到可以描写手与脚的关系，甲乙二人各说手、脚的重要："我说手重要，我们都有两只手，不在世上吃闲饭。""我说脚重要，千里之行始于足下。""手重要，关于手的成语很多。""脚重要，脚的成语也不少。""手重要，这次救灾靠的就是两只手。""我脚不跟你配合，'请 ××× 上台领奖！'你上去，我脚不动！"我搭好了结构架子，于舟就根据这个主题写出来了。

于舟长期生活在基层，对普通百姓的生活比我要了解得多，我的很多创作素材都是他提供的。后来，我们在北京密云搞相声小品创作，专门从山东把于舟请来，他自始至终参与创作，下了很大功夫。回山东后他专门写了篇文章，认为当今风行的喜剧小品的形式，其源头是我们创作的相声小品《宇宙香烟》，准备在《山东文艺》上发表。他寄给我看，被我制止了。于舟是个很朴实的人，与我合作多年对于名利从不计较。那些年我经常将他借调到北京搞创作，他就栖身于我家边上的小旅馆中，但他毫无怨言，从没有向我伸手要这要那。他对当今相声、小品的现状有他的思考，但我不让他发表是有顾虑的，我不愿因此而引起猜疑和争论。

1973 年，我为了创作反映“五七干校”的节目来到湖南。省文化厅领导建议我们到桃源去。桃源县是当时先进的典型，又是文化先进县，县委对文化工作很重视，听说我们要去，专门派了辆吉普车到长沙接我们。一路颠簸 6 个小时到达县里，县文化局长亲自出面接待，并找来了县艺术馆对桃源情况非常熟悉的、人称“桃源活字典”的王兆元。

王兆元，个子不高，平时沉默不善言，但介绍起桃源的情况、有关的历史典故来则是滔滔不绝。他是一位高级知识分子，但几十年兢兢业业地守在这样一个贫困的环境里，安贫乐道，醉心于自己的事业，我对他油然生起了敬意。在后来我们的合作中，他的朴实、敬业令我感动，他的深厚的文化功底更使我受益匪浅。

在相声创作上，他是门外汉，但你把一段相声的结构架子搭好，让他填写具体内容，得心应手。比如《新桃花源记》，从作品反映的现实生活素材，陶渊明的思想、历史背景都是王兆元提供的。在创作时，他说：我拿笔，你来说。我提出包袱的规律，他则提供真实的生活素材，我认为应该抒情了，他就把陶渊明的诗词信口吟上几句。我们用了两天的时间就完成了这个段子。如果说这个作品还有一些文化品位和知识性的话，应该说，这正体现了王兆元的文化功底。

70 年代，我们一起创作了一些作品，如《老青年》、《娃娃书记》、《战歌嘹亮》等。《老青年》是反映劳模李光庆的，我们一块采访了他，并同他一起生活了一段时间。创作完成后我回长沙，省委书记张平化听说了很高兴，临时改变了省委会议，由我做汇报演出，于是，在经过简单排练后，我们就在省政府礼堂向全体省委委员做了一个专场演出，大家反映很好。张平化很满意，李光庆是他亲自抓的一个典型。因为有了这次试演，我们心里有了一些把握。回北京后，总团审查通过。当时正值全国汇演前夕，为了配合“反击右倾翻案风”的政治形势，演出文件就提出“一场演出就是一场战斗，每一个节目就是射向邓小平的一颗炮弹！”考虑到侯宝林先生没有新节目，就将这个节目给了侯先生，要求我们再创作一段，于是，就有了后来引起很大风波的《战歌嘹亮》。不过，侯先生也没有演《老青年》，他提出：我这样的老演员歌颂老劳模合适吗？跟当前的形势不太符！粉碎“四人帮”后，我因《战歌嘹亮》受到责难，内心感到有些紧张，打电话给王兆元，他出主意说：“你可以把我们当初创作的原稿给他们看，‘批邓’的内容不是我们的原意。”并很快将我们创作的原稿寄到了北京，帮我解了围。

1976年秋，刚刚粉碎了“四人帮”，我为了创作新节目将王兆元请到了北京。当时，北京的地震警报还未解除，我夫人在干校还未回来，我们就住在地下室里，不分白天黑夜地搞创作，写出了反映“四人帮”对文艺横加干涉的相声《舞台风雷》，其中很多唱词都是王兆元写出来的。完稿的当天我们就在清华大学演出，怕忘词，王兆元还临时充当了一回提词员。这个作品后来在各地演出很火了一阵，我也借此进入了创作的新高峰，但我深知，这段作品的真正作者应该是马季和王兆元。

我们在创作上几十年风风雨雨共同走过，他对我的帮助是很关键的。王兆元有着很深厚的文化底子，唐诗宋词随口即可诵出，历史典故也很熟悉。正是因为他的文化修养，使我在相声创作上提高了文化品位。《诗情画意》是一段很吃工夫的段子，它用大量的诗歌连缀，需要有很高的古典文化修养。说实话，没有王兆元的帮助，我是没有能力完成的。在这段作品的创作中我从他身上学到了很多东西。后来有人说我的一些相声有知识性，有文化品位，应该说这是得益于王兆元，他是我创作上的老师、挚友。

杨善智是湖南常德市戏曲工作室的编剧，他创作过戏曲剧本，喜爱诗歌。

我到桃源体验生活，王兆元陪同接待。他与王兆元是老熟人，听说我来到桃源就也赶来了。在这里我与王兆元合作创作《新桃花源记》，杨善智则参与了姜昆的《山花烂漫》创作。那时，姜昆入说唱团不久，初学创作，碰到了困难，我就帮他修改。此段子中设计了很多山歌唱段，杨善智对当地的山歌很熟悉，运用起来得心应手。我们设计情节、对话，需要演唱了，就由他来填歌词。他下笔很快，虽然当时还对相声创作的规律不太熟悉，但你提出要求他就能刷刷地写出来，文笔很优美。这是我们第一次合作。

1981 年，我出版了《相声艺术漫谈》。这是当时关于相声艺术的第一部理论专著，论述了相声的基本知识、相声的创作和表演，是我几十年来对相声理论探究和创作实践的经验总结，全书 13 万字，凝结了许多人的心血，可以说是一部集体劳动的成果，由杨善智主要执笔。后来我们的合作多采取这样的形式，我口述大意，由他整理、加工成文字，我再进行修改发表。我的许多文章都是这样“写”出来的。直到今天，我们仍然保持密切的合作关系。

我和王金宝是怎么认识的呢？ 1972 年，我从“五七干校”回到了北京，当时说唱团还没有恢复，同时回来的只有我们这几个人，今后怎么办还是未知数。我被分到广播文工团的创作组。当时的创作组组长不懂业务，给我布置任务：

“你们的相声我都不懂，这样吧，你就创作吧，每月给我们交三个段子。”

“我这下蛋哪？”我心想。

文工团很不正规，我就想调离广播系统。有几个地方想要我，其中有铁道兵文工团，我夫人是铁道兵文工团的独唱演员。团长征求我夫人的意见后，就让团里的相声演员王金宝写调人的报告，这样我就认识了王金宝。但是工作调动的事没成，报告递到分管的副司令那儿，副司令批了两句话：“广播不要相声，我们还要相声吗？广播要相声，这人我们还留得住吗？”调动没成功，我和王金宝成了好朋友。我们

马季与王金宝在一起演出

的合作是从创作、修改《友谊颂》开始的。

由于是在“文革”时期，《友谊颂》创作的艰难及其中的酸甜苦辣，我在“起死回生的《友谊颂》”里已详细谈到。当时我正犯腰椎病，北京南口某装甲师部队拉我去演出并治病，于是我将王金宝也拉去修改这个段子。我们密切合作，一改就是7个月。段子终于完成了，我们也成为了非常亲密的创作伙伴。后来，铁道兵撤销，文工团解散，我就向领导提出将他调入了中央广播说唱团。

金宝为人谦虚、细致亦有才气，在铁道兵时曾创作了一个相声段子《高原彩虹》，反映了铁道兵在青藏高原修路架桥的生活。我修改后曾经演出过，反响不错。此作品也属于歌颂型相声，题材新颖，语言具有很强的文学性。

他调入说唱团后，我们合作更为密切，我的几乎每一个段子都有他的劳动。比如《儿女赞》和《看电视》，是在河北邢台体委招待所闷头干了一个星期创作出来的。我们的分工很明确，我下手比较快，一两天就写出大框架，但萝卜快了不洗泥，再由金宝做细加工。我先写出《看电视》交给他加工，再写《儿女赞》，很快两个段子就出来了。演出时，这两个段子都受到了欢迎，特别是《看电视》，效果出奇地好。但是不久，就有了反对的声音，有些甚至很尖锐。对此，我们有自己的看法，我们在创作上思想很统一，相声的主题就是要反映现实。金宝同意我的观点，有反对意见、有争论并不是我们的失败，而说明我们在创作上走上了一个新的台阶。

抓现实生活的热点，一直是我们创作的方向。“文革”时期，我曾奉命去写当年轰动一时的嫁给了普通农民的女大学生白启娴，我与金宝、郝爱民到河北沧州访问白启娴，还见到了她的丈夫——一个没有什么文化的普通农民。

当时的大队支部书记讲了几句话，使我印象深刻，他说：“我们在做启娴工作时对她讲，‘你要嫁给他，八亿农民给你挑拇指！’”这句话很典型，也反映了那个时代的潮流。回来后我们创作了《女大学生》，把这句话用在了段子中。汇报演出时，这句话惹了祸，受到了批判，罪名是“利用批林批孔来反对批林批孔”，一个女大学生嫁给农民，八亿农民就给他挑大拇指？一个臭知识分子有什么了不起！此段子被当时的文化组直接点名，于是被拿下！

我和金宝在创作中经历了很多风风雨雨，他是我的主心骨，虽然他不出头露面，但一直在支持我。金宝人很细致，他将我历年创作的作品按照时代整理出来，并工工整整地抄录。1987 年我在长沙患病住院，期间他不仅陪护左右，还将每天的情况详细地记录，包括我的病情、每天来探视的人员等，使我很受感动。我们是生活中的好友，是事业上的同道。金宝现在中央戏剧学院相声大专班任教，仍然在为相声事业默默地做着奉献。

与我合作有一个原则，在名利上斤斤计较者我不合作。我的这些合作伙伴在名利面前从不伸手，都是在默默地支持着我。对相声艺术这个我们共同的事业，我们有相同的热爱和追求，都愿为它的繁荣做出我们的努力。由于近年来都年事已高，相见也有些不太方便，但是我们几个总是找机会见面。最近，利用我在广州创作的机会，王金宝、王兆元、杨善智三位老师和我约好了在广州见面（只可惜于舟老师去世不能来了），不为别的，只为在一起叙叙旧，回忆一下以往的时光。

左起：杨善智、马季、王兆元、王金宝

第十一章 相声的海外推广

随着改革开放政策的不断深化，我国的文化艺术对外交流活动也不断增多。仅就我个人来说，二十多年来，我访问过的国家和地区就遍及亚洲、欧洲、北美和澳洲。从这众多的访问和演出中，我吃惊地发现，在异国异地，只要是有华人的地方，相声艺术就有土地，有根基，甚至比在国内的反响还要强烈。一位海外华人领袖曾经说，相声是让全世界华人笑在一起的艺术。

第一次出国

我第一次出国是 1979 年 10 月 23 日。

那是参加中国青年代表团访问日本。这次走出国门看世界，眼界

马季去海外演出当地华人打着标语欢迎他们

大开，感慨良多，无论思想上和艺术上我都得到了不少启迪。这次访问给我留下了深刻的印象。

代表团共访问了东京、大板、厢香根、广岛、奈良、京都六个城市。80年代以前出国，条条框框依然很多。带队的秘书长强调，团员们必须集体行动。若上街，团长走前，秘书长断后，团员们一长溜夹在中间。

出发前还交代：“日本人服务态度很好，不要走近商店去看。走近了他就上前主动跟你打招呼，给你推荐商品。你买不买？”想买兜里有钱吗？就连房间里的投币电视都不让看，我那晚在房间电话本里发现夹着一枚日本硬币，好奇心大起，不管三七二十一，投进去看了一阵子。其实也没什么“有毒物质”，连话也不懂，不一会就乏味了，虽然那个年代还是政治挂帅，可我还是觉得，何必那么小题大做，把每个人都弄得紧张兮兮的。

我在日本访问期间，最为关心的是他们的喜剧艺术。在京都看了一场演出，到后台与演员交流了一些资料。由于时间太短，不能更深入地和日本同行进行艺术交流，仅有些走马观花的感受。日本和我们相声最接近的一种艺术门类叫“艺能”。“艺能”又有以下几种形式：

一、漫才。很像我国的单口相声，一个演员身穿和服，跪坐台上表演，多是讲一件事，一个故事，不断地抖包袱儿。

二、双人漫才。这几乎就是中国的对口相声。也有一捧一逗两个演员（或一男一女），翻包袱的手法也基本相同。所不同的是着装随便，有时穿和服，有时穿西装，有时混穿。

三、落语。与漫才区别不大，抖包袱是其主要艺术手段。从内容上看，类似我国传统评书，但也有讲单段故事的。

另外，还有民谣和滑稽武打，也是靠自然风趣的表演吸引观众。

艺能在日本有深厚的群众基础。

在东京就有六个专门的艺能演出场所，而且每天都有演出。尤其是“双人漫才”这种艺术形式可以说家喻户晓。我所接触到的政府官员、民间团体领导人、中小企业主、翻译、普通职员和家庭妇女等不同阶层的人，提起“双人漫才”都颇为熟谙和充满热情，说明它深为日本人民所喜闻乐见。

“双人漫才”节目的题材涉及面很广，有传统的，有抨击时事的，有讽喻社会的，还有一些如我们相声中的“荤口”，如，和尚进妓院，男女带乐，讲些低级趣味的内容。

我看了一场艺能演出，北京大学的一位代表团成员给我当翻译。表演漫才的演员上场，那逗哏先学田中角荣，什么神态，怎么走路、说话，大概学得很像，场内观众热烈鼓掌。

然后又学岸信介，最后学大平正芳。

捧哏说大平正芳怎么这个样?

逗哏回答，他现在度日如年，正发愁呢！这就是“底”，演出到此结束。

整个演出笑声、掌声不断，证明漫才深受观众欢迎。而它所揭露讽刺的竟然是历届首相，这最使我感到惊讶，也使我难以理解。

漫才演员以前曾多次来我国访问，从我国相声艺术中吸取了许多有用的东西。日本艺能界很多朋友借鉴过我们的表演技巧，移植过我们的节目。相比之下，他们有许多好的东西我们却学习得很不够。

中国香港与台湾地区

1982 年春，中央广播说唱团组成以侯宝林为首的 16 人演出团首次赴香港地区演出。在普通话并不普及的香港地区，北方曲艺究竟是否有观众市场，我们心里没有底，邀请单位更没有把握。到港后，为保险起见，他们只安排我们在仅能容纳 600 人的寿臣剧场演出，初订演出 7 场。

寿臣剧场虽然不大，但设备、音响都不错，演出环境也很舒适。对方负责剧场的是一位姓陈的女士，台大中文系毕业，在美国学过戏剧导演。我当时兼任舞台监督。第一场演出她就向我提出，整个演出不能超过 1 小时 40 分钟。我起初并不理解，演出开头是孙伟和郝莉两个青年演员的京韵大鼓，刚唱完观众就热烈鼓掌，要求再来一段，后面的节目反响更加强烈，每个演员都得返场。尤其是侯先生的压轴相声，观众更是不依不饶，返了一个又一个。这位女士着急了，跑来找我说：

“这不行，太长了！”

我告诉她，在大陆时间越长观众越高兴，这说明节目受欢迎。这回她说了老实话：

“时间超过了，剧场要多收钱的呀！”

我说：“那怎么办？”

“明天这样，都不要返场，你返一个，最后侯先生返一个就行了！”

这位女士给我上了市场经济的第一课，艺术也得服从经济效益。

寿臣剧院演出的盛况立即轰动了香港地区。报刊上的什么“笑出眼泪，听出耳油”的评论词也让我们耳目一新。七场演完，新华社联谊公司马上把我们接去，安排在新光戏院演出。新光戏院可容 1700 多人。演出场次由四场增至八场，最后竟加到十三场，这次演出侯先生宝刀不老，观众为之倾倒。我和唐杰忠的演出，也受到观众的热烈欢迎。有一家报纸把这次演出的盛况总结为三个“第一”：第一次在新光剧场门前看到购票的长龙；第一次启用剧场二楼；第一次大陆曲艺演员和香港观众聚集一堂，欣赏祖国的民族艺术之花。

最后一场演出，每人谢幕至少三次以上，结束时全体谢幕长达三分多钟。台下观众热情地齐声呼喊：“下次再来！下次再来！”那场面

1982 年在香港地区演出谢幕
（左起：唐杰忠、郭全宝、马季、侯宝林、姜昆、刘惠琴、李文华）

真是激动人心！

香港各界朋友对这次演出评价极高。海外许多侨胞，还专程赶到香港观摩。我就结识过一位美籍华裔老太太。这位老太太七十多岁，她几乎每场都看，还请我吃过一次饭。她尤其喜欢京韵大鼓，见面就问白凤鸣在不在？我说已经去世了。她惋惜地说：

“我年轻时候最爱看白凤鸣、孙书筠的演出，现在，白凤鸣去世了，侯宝林、孙书筠也和我一样，老了！”接着她又对我说，“我从小就喜欢唱大鼓，可是在美国唱不了，没弦子，弹吉他唱不出那味儿来。我想拜托您一件事，不知行不行？”

我赶忙回答：“只要能办到的，我一定给您办。”

“您找人给做个鼓，人老啦，就这点爱好，该多少钱给多少钱。”

我深为这位老太太对民族艺术的一片挚情所感动，说：“这点小事我一定能办到，到时候我送您一面鼓！”

我和这位美籍老太太的交往，现在看来本来是非常正常的事，当时可不得了，这事不知怎么传到一位驻港官员的耳朵里，竟开会针对我说：

“我告诉你们，不要到处联系，有些人答应买这买那，你了解她的背景吗？你们的任务是演出，不要添麻烦！”

在香港演出的最后一场，幕间那位老太太想上后台找我，又是那位官员出面阻拦，他吩咐一位演员说：“找马季什么事？去告诉她，一律不准会客！”

散场后我从后台下来，见到了这位老太太。她告诉我来了多次，见不到我，这是最后一场。她就一直在这儿等着。我问她什么事，她递给我一个锦盒，说：

“没别的意思，送给一点纪念品。美国要是邀请您，希望不要谢绝……”

我打开锦盒一看，是一枚嵌着翡翠的金戒指。1989 年，当我获得首次金唱片奖时，将这颗含着海外侨胞深情的戒指转赠给了我的恩师侯宝林先生。

我还接触过一位台湾地区来的退役将军，他通过一位大陆商人找到我，找我借去演出脚本。他看完后还将所喜欢的节目抽出复印，说要带回去让他那一群老哥儿们也欣赏欣赏。

这些离开大陆的海外游子，年老思乡，都憧憬着有朝一日能落叶归根。有一位美国华裔经济学博士，旧社会曾担任过老上海一家商业银行的经理。他说三个儿子，都出生在美国，媳妇也都是金发碧眼的美国姑娘，受的是西方教育，许多地方和他们格格不入。这位经理大发感慨地说：

“父子见面都难，好不容易假期一家人团聚，可都各开各的车。他们车上除了媳妇还有爱犬，容不下做父母的。上馆子吃饭，也从不给父母夹菜，吃完了还得各付各的账！尤其可气的见面不叫你爸爸，叫你‘哈喽’。一次，二小子突然给我送一顶帽子，我心想这准是他老婆看不上眼，才给我的。我刚开口说声‘谢谢’，儿子说：‘这帽子 20 美金，’我还得给钱！我老伴过生日，通知他们，一个也没来，打电话‘祝你生日快乐！’。后来我过生日，不告诉他们过生日，告诉他们说两老举行离婚仪式。结果三个儿子全家连狗都来了。大儿子、儿媳妇进门就看房子，他是看房子质量怎么样，打算分财产呢！”

这位经理越说越激动，最后叹了口气说：

“你说我能不想听家里的声音吗？只有家里，才是最重感情的……”

听完这位经理的一席话，使我沉思良久，曲艺、相声的作用，在国内注重的是教育和娱乐两个方面。而一走出国门，它的功能和价值，就不仅仅局限于此了。

我在台湾地区的演出影响挺大。现在相声演员去台湾地区演出的多了，但是在两岸没有来往的时候，马季盒带就在台湾露面了。台湾地区有个男演员凌风，见到我就跟我讲，“马季，我早就认识你，我在盒带里认识你的。这个盒带是邓丽君给我的。邓丽君说，大陆有这么一个相声，有意思。”

2002 年 8 月我第一次去台湾地区，凌风也在，演出挺轰动。我们一共有七个节目，台北曲艺团出四个。演出定在1700人的剧场里，据说这个剧场是辜振甫他女儿办的，是辜家的剧场。我们没到呢，四场演出的票就全部卖完了。结果临场就出现了前“行政院院长”郝柏村到剧场找经理，要看节目。经理十分为难：“老爷子，您早点来啊，这票已经没有了。”老头儿坚持说：“没有办法，你给我想办法，要解决四张票，连司机，带着随员。”经理好不容易给解决了。又来了邓丽君的老太太，带着邓丽君的哥哥，说：“说什么你得给我解决票，一次还不行，场场到。”这是台湾地区“中国广播电台”的董事长说的。他说还有台湾当局宣传口的负责人也来看节目，不是为了监视我们，只是看节目。

在高雄的一场演出很有戏剧性。高雄市的市长为了下一届的竞选也来了，是民进党人。他觉得这是一个机会，这种演出是个吸引观众的地方，因为他要拉选票啊。他提出来，要上台讲几句话。剧场的组织者找我们商量，这个市长要上来讲几句话，是让他在前面讲，还是让他后面讲？我说：都不行。要不然我们不演出让给他讲。不演出哪来的观众？我说，要是这样，我们的演出提前结束，结束之后我们谢了幕，让他上来讲。

最后他不得不服从了。他提前到了，在第一排给他安排了个座，演出当中他哈哈大笑。刘伟最后说了一个小段，小段是把一些台湾的地名连起来说，观众听得挺好，他也听得挺高兴。演完后，他上来讲话，他说刘伟：“你讲得挺好，你对台湾比我还熟悉，我看将来高雄市长让你当还可以。你非常勇猛。你们的相声很好，你们形容吵架的那段，说得非常现实，我们在议会里不仅老吵架，我们天天打架。”这样很普通的一场演出，对这么一个人物，影响也很大。后来都见报了。

中间还发生这么一件事情，我们巡演回到台北以后，应大家的要求再加演一场。人也是满的，都是老相声观众，因为当年从大陆到台湾的人岁数都很大，对相声都有感情，尤其对传统节目更熟悉，更渴望。我们演的是新节目，我们演了一大段，两小段。谢幕鞠躬时，底下有一个人喊：“《卖布头》！”1700 多人的剧场立即沸腾起来。我在台上跟赵炎使了个眼色，决定跟他演那段《卖布头》。20 年没演这个节目了，但是我还有基本功，赵炎就有些吃力，跟不上。后台我几个徒弟王谦祥、李增瑞也傻了，唉呦，行吗您哪？《卖布头》后面一段很长的唱卖是相声演技中的硬功夫，我知道如果不唱那一段满足不了那个人的要求，如果这样还不如不说。当我一点磕巴都没打唱下来时，剧场热烈的掌声经久不息。

我觉得这不是一个艺术效果能说明白的，那是一种长期在外的人的思乡感情。80 年代在香港演出我就体会到这点了。在香港演出的时候我们开了一个座谈会，有一个专门从美国来的老人听相声，场场听，我们把他请来，请他谈谈。他说了几句心里话，他说：“我是从上海过去的，几十年在美国，我看到报纸上你们来演出，专门从美国来，场场我都不落，我不是想看一看小妞多漂亮，我用这个来寄托我对祖国、对家乡的思念之情。你们得理解。”听了这些人的发言，我感觉我们在海外演出得到的效果往往与演员的关系不是特别大。

在香港演出时还有一个从台湾地区来的团，有退休的老兵，听完相声他们说，能不能把你们演唱的资料给我们？回去让我们那些老哥们儿都看一看。看你们的演出感觉跟过去报纸上宣传的不一样，你们互相之间也可以争吵，你们对官员有什么不满意，你们也可以随便这样说，不是报纸上所宣传的那个共产主义铁幕呀。

这回来台湾地区演出，高雄来了两辆车，拉的都是退休的老兵，他们就是在一个村里，开车两个小时，那个村里组织的汽车，把他们拉过来，看完再送回去。更有意思的是现在大陆去的太太团，都是近些年嫁到台湾地区去的。在没演出以前，在一个礼堂里就集合好了，有四五十人，到台湾都是两三年，四五年，时间不长。看到大陆可来了这么一个团，那个亲哪，可看到娘家人了。见了我们问长问短，又握手又拥抱，就跟在大陆多熟似的，所以说在海外演出就是不一样。

相声在东南亚

新加坡以华人居多，也有欢庆春节的传统。1989 年春节期间，当地举办“春到河畔”的大型迎新春活动，我和赵炎应邀前往参加。这项国际文化交流活动由新加坡《联合晚报》主办，邀请了海内外许多艺术家，八仙过海，各逞技艺，也可以说是一次艺术的竞赛和竞争。

这次我们一共演了三场，同台的还有刘欢等几位歌星。由于我们的台风正，节目高雅，无论是相声还是歌曲，都受到了新加坡市民的欢迎。

但是，第二天出现了一个不大不小的插曲。这是第二场的演出，台湾地区一位号称“智多星”的歌唱演员和我们同台。在此之前，商务代办处的一位主任就给我打过招呼，说这位演员在新加坡和马来西亚颇有市场，但不要怕他，拿出我们的志气来。

马季随慰问团海外演出

开演之前，我和赵炎夹着演出服上剧场。到后台一看，乱糟糟的，许多演员在那儿化妆。我们不认识，也没一个人打招呼。赵炎说：“这么等着吧！”我们就在一条长凳上坐着。赵炎见我口渴，后台根本没准备饮料，只好上街买了一塑料袋茶水给我解渴。我心里正感到烦闷，只见“忽”地一下前呼后拥一大帮子人来到后台。我一看，正是那位“智多星”，好几个接待人员陪着他，把他请到楼上化妆室去了。这下我气不打一处来，我和赵炎找到那位晚会组织者 A 先生，尽量心平气和地问他：

“你们接待国外演员有什么标准？”

A 先生可能有所预感，回答说：“我们事先研究过，一律同等对待呀！”

我面孔一板说："是同等吗？报纸上那位'智多星'连载四五篇，而我们呢？仅仅一篇！"

A 先生见我来了火气，忙解释说："马先生不要误会嘛，我那儿有剪报，不信拿来您看看！"

"你再看看这张宣传布告：'某地'智多星歌星某某还有大陆歌星刘欢等——我们都在'等'里头！"我越说越有气，接着又说："你经常上北京，打听打听，我们是艺术家，懂吗！我们不是要饭的，要不是为两国之间的友谊，我们不会来！"

"你……你不要这样讲嘛。"A 先生着急了。

"那怎么讲？我们抱着服装在后台坐冷板凳，那楼上化妆室怎么就给他一个人开，你给我说个清楚！"

"那是误会……误会！"

A 先生忙不迭赔礼道歉，又连忙将我们引到二楼化妆室。这时，演出已开始，我暂且按住心头怒火，等演完了再说。

我们化妆完毕，"智多星"正在场上演出。他还是那老一套，观众提问，他以歌唱作答。效果果然很火，有些观众还向他递红包，他哈着腰，口里连说谢谢，两个指头很准确就把红包给夹住了。

马上就要轮到我们上场。我心想，我要压不住他，这口气不争回来，我就不姓马！于是，我和赵炎临时变一个节目，这节目是以前刘宝瑞老师教我的。字头咬字尾，先让观众报一个字，最后说来说去，总要落到《百家姓》的"周吴郑王"这句话上，这个节目是以即兴表演为主。

上场后，我们向观众讲了几句垫话，然后我话锋一转说："在这里，我也请大家出个字，无论什么字，我字头咬字尾，不出十句，都要回到‘周吴郑王’这四个字上来！”

这类节目因为台上台下互相交流，最易引发观众的兴趣，马上就有几位观众出字，我都一一作了完满的回答。我正担心有观众出些稀奇古怪的字，果然一位观众站出来说：

“马先生，我出个字！”

“您说吧！”我内心有点紧张了。

“溜！”

“什么？”我一时没听清，预感来者不善。

“溜，英文‘W’的溜！”

“溜……溜……”我顺着他的字音考虑，心中灵光一闪：有了！我一口气说了下去：“溜须拍马——马上加鞭——鞭长莫及——急于求成——成竹在胸——胸有大志——志得意满——满面放光——光芒普照——照顾不周——周吴郑王！”

台下“轰”的一声炸开了锅，掌声、笑声、叫好声不迭。我如释重负。

这个节目加上《四字歌》和一个小段，反响比那位“智多星”更为强烈。天气并不太热，可我出了一身大汗。我内心充满豪情，斗志昂扬。

我和赵炎怀着胜利的喜悦回到宿舍，我们前脚进门，A 先生后脚就跟来了。他还搬来了他们电视台的一位 B 先生当说客。这位 B 先生更不会说话，他向我反复道歉，见我仍然有气，接着说：

“马先生，我们是好意嘛，我们电视台还是培养你的嘛！”我一听

马季和刘伟在新加坡

这话更火了，把桌子一拍说：

“你少废话！我用得着你培养？你们广播局没成立，北京就有马季了。我跟你干不干还是另外一回事！”

“马季先生，这样说就没法合作了！”

“没法合作就没法合作！”我口气依然很硬。这位B先生也挂不住脸了，他也硬了一句：“那你明天回去好了！”

“好，明天就走，你马上安排机票！”

见我态度强硬，这位先生竟天真地用起威胁的手段，说：“那我以后到北京，只能向你们部长如实禀报！”

我一听感到又好气又好笑，回了他一句：

“好哇，你不要讲向部长禀报，你就向我们中央首长禀报，他们也不会向着你说话！”

一场舌战就此结束，双方不欢而散。

我对赵炎说，我们一定要回去！这不光是我们两人的事，在这种时候，谁看不起我们，谁就等于看不起我们中国人！

新加坡一位服装辅料公司的老板罗先生，是个大好人，他劝我们暂时不要走，因为新加坡华人期盼着看我们的演出。就是明天他们打了机票也没关系，一切负担由他出，不要使星洲百万华侨失望。

第二天，对方并没送来机票，而是托了不少人来求情道歉。领队负责人也出面相劝，考虑种种原因，我和赵炎只好留了下来。

新加坡的人民是友好的，新加坡政府非常重视华语的普及。他们广播局一位负责人曾接待过我，对我们的演出评价极高。他说，我们这些节目的演出，对新加坡人来说意义很大，因为每年他们都要开展一次“推广华语运动月”活动，政府首脑从李光耀总理开始都要参加。他希望我若有可能，给他们办几期相声训练班。我表示同意，愿意为新加坡人民做点有益的工作。

演出结束后，广播局还留下我们录了几盒磁带。他们专门为此开辟了一个叫作“笑一笑，少一少”的栏目。每次播五段节目，我们四段，本地的一段，每期播 7~8 次。一期接一期地播，播完了又抽出单个节目播放。

“笑一笑，少一少”的栏目，深受新加坡市民的欢迎。由于频繁的播放，我也几乎成了新加坡家喻户晓的人物。我只要在大街上露面，许多人便迎了过来，和我握手，请求照相。相声艺术也在他们那里得到普及。1990 年，由直落布兰雅联络所和新风相声学会联合主办了一次新加坡“全国相声大奖赛暨群英会”，我和赵世忠应邀去当评委，国

马季与赵世忠表演相声《找堂会》

会议员许南山先生亲临献词。大奖赛隆重而又热烈，参赛的除少部分青年爱好者外，大多数是中小学生，而且女孩子居多。他们对相声艺术一往情深。下面不妨引一段“会刊花絮”中一位参赛者的话：

李城威，年龄27岁。

我的成长过程：

1至7岁——爱说话。

7至13岁——爱说话及爱听笑话

13至17岁——爱说话、爱听笑话及爱听相声。

17至22岁——爱说话、爱听笑话、爱听相声及爱写相声。

22至27岁——爱说话、爱听笑话、爱听相声、爱写相声及爱说

马季与刘伟

相声。

28 岁——结婚。对象：相声。

从这位年轻人的简短的履历表中，新加坡人之如何热爱相声艺术，可略见一斑。

在新加坡一炮打响之后，邀请演出的人接踵而来。1990 年 4 月，经新风相声学会会长杨世彬先生的引荐，天地文化私人有限公司又邀请我们赴新公演。这次，我们组成了一支庞大的队伍，以我为团长，成员有王景愚、赵炎、赵世忠、王金宝、刘伟、刘惠、王谦祥、李增瑞、戴志诚、郑健，还有秘书长王玉珊和节目主持人余声，共 13 人。还没启程，对方负责主办的苏华源就打电话告诉我说，五天的票已全部售光。我们原订只演五场，演完后苏华源又要求增加场次，结果加到 13 场，最后两场从 1100 人的剧场改在 1700 人的剧场演出，部长级的人物来了四五位。

新加坡演出刚刚结束，马来西亚华人协会又发来了邀请函。苏华源见有利可图，又主动负责承办。后来我们才知道，这人是一个贪婪狡诈的经纪人，唯利是图，背信弃义，毫无人格道义可言。他极会钻我们法律常识缺乏的空子，不顾我们的阻止，翻录演出节目，我们应得的报酬他谎称汇到北京，结果不仅分文未付，以后去找他，竟销声匿迹，再也见不着他的人了。

马来西亚政府对外来演出团体控制很紧。我们刚去，我国大使馆便转告了他们的五条规定，如不许演未经政府允许的节目，不许散发小册子等等。内政部还派来一位叫卓哈里的公职人员跟着演出队伍巡逻各地。开始几天，卓哈里每天都要向上司禀报一次我们的演出情况。后来逐渐了解了我们纯粹是为艺术交流而来，不仅放弃了戒心，还和我们建立了深厚的感情。主动帮着开车，帮着搬运道具，帮着维持秩序，一个多月演出结束后，临走时她感动得哭了。

我们这次演出纯属义演，为马来西亚文化教育机构及残障协会筹募基金。首场演出定于 5 月 1 日在吉隆坡安邦马路马华大厦三春礼堂开幕。开幕式上有四位部长剪彩，代表政府发言的卫生部长非常幽默地说：

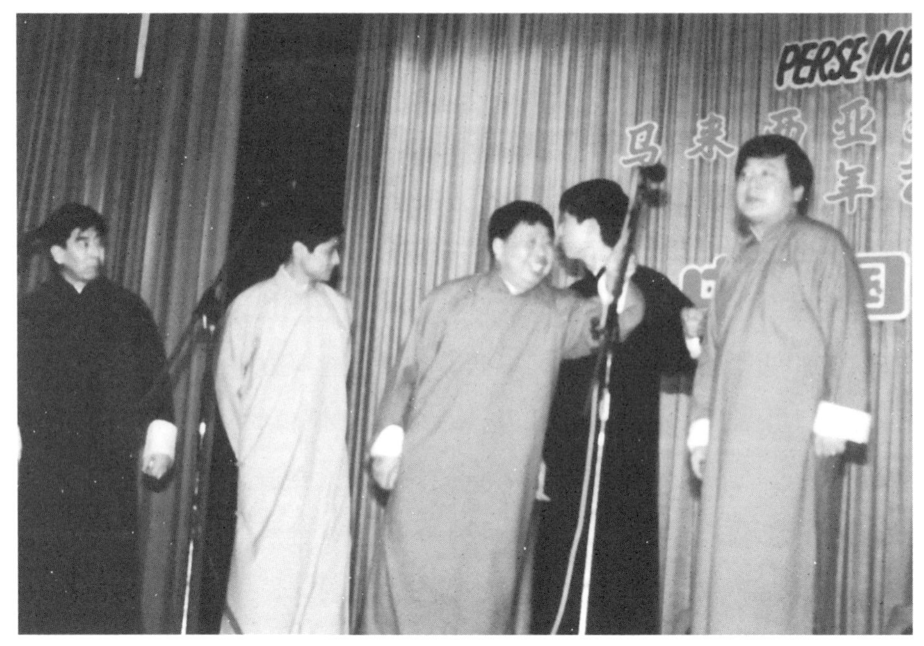

马季和徒弟在马来西亚演出

“相声是笑的艺术，常听相声就可以消病免灾，为什么让我来剪彩呢？可能是以后卫生部的事就少了吧！”他的简短发言赢得了热烈的掌声。

在马来西亚，我们一共演出了 17 天 14 场。历经吉隆坡、槟城、怡保、红土坎、马六甲等七个城市。很多时间花在转点旅途上。有一个小镇叫“实兆远”，我叫它“实在远”。那里是一位文化官员的家乡，非让我们去演出不可。小镇条件很差，演出地点设在电影院，没有休息室，我们就在汽车上化妆。舞台有两米多高，演出得爬梯子上去。晚上住“美丽华大酒店”，名字好听，其实就是个乡村小旅馆。晚上睡觉个个都咬了一身大红疙瘩。郑健从天津带出来十几个小蛐蛐，用有机玻璃盒子装着，一路上活得挺新鲜，这回一晚上全被蚂蚁给咬死了，郑健为此好一阵伤心。演完后那位文化官员请我们吃夜餐，桌子上他举杯祝酒说：

“感谢你们，由于你们的帮助，我最少能多获 10 票！”

原来他拉我们演出，是为竞选提高身价，我们稀里糊涂在国外做了一次为政治服务的工具。

马来西亚的华人有五百多万，他们热爱相声的程度简直难以想象。那里天气炎热，好多剧场又没有空调。观众为了占个好座位，不少人提前几个小时就来了。剧场里挤满了人，走廊上、窗台上都塞得满满的，想上厕所都挤不出去。一位老华侨为看演出，开车追了七个城市，长达几百公里，一直买不到票。最后跟到新山，向剧场老板恳求，只要能让他进去，哪怕出几倍的票价都行。我们闻讯后很受感动，由赵炎出面将这位老先生请了进来。

这次演出之后，从 1990 年开始，我还多次应邀去马来西亚举办相声艺术讲座。先后在新山、槟城、吉隆坡举办了四期。1992 年，我和王金宝在那里待了五个多月，讲座 27 场，场场满座。马来西亚的报纸，几乎每天都发布我的消息和活动照片。报纸评论说：“这次大马华人文化协会邀请马季前来传授相声艺术，除了促进两国相声欣赏、创作和表演交流外，最主要的是希望在他们的协助下，提高我国相声艺术的水准。”

参加听讲座的各行各业的人士都有，主要是中小学生，教师、商人、牧师、推销员、医生也常来听课。我曾问一位牧师为什么来听，他说他听相声讲座，并不单纯为了欣赏艺术，主要是通过学习相声，锻炼口才，增强布道的影响力。我对牧师的谈话非常感兴趣，相声竟有这种功能，真是我想不到的。回过来再审视一下相声艺术的语言魅力，我干了几十年，似乎第一次才发现它是如此强大，不可抵挡！

为了在很短的时间内宣传普及相声艺术，我煞费苦心地设计如何进行讲座。讲深了不行，语言太专业化了也不行，单纯从理论到理论更不行。怎么办？我来了个理论和实践相结合，深入浅出，灵活生动。

开始我从相声的起源和发展讲起。一般认为相声起源于民间笑话，我就举上几个民间笑话的例子；后来短笑话发展到长段笑话，无故事情节的笑话发展到有故事情节的笑话，我就说上一段《黄半仙》、《日遭三险》或者《山东斗法》。这种笑话经艺人之口就成了单口相声；后来，为了增强效果和减轻说的人的负担，逐渐发展到两个人，另一个人在旁边“嗯、啊、嗻、是”地帮帮腔，于是就有了对口相声。对口相声又分“一头沉”“子母哏”，还有“柳活”“腿子活”等等，我又一一举例并和王金宝表演。

这种讲座非常受欢迎，各种不同文化层次的人都能接受。报刊上纷纷发表文章予以称赞，说既能欣赏到精彩的相声表演，又能获得相声艺术的理论知识，比单看一般性演出是一种更高境界的艺术享受。

马来西亚的社团组织非常多，在我和他们的接触中，发现他们办事都很认真。我每到一地办讲座，当地主办单位都首先成立《马季相声讲座会》工委会。设顾问、主席、副主席、秘书、副秘书，乃至财务、票务、布置、纠察、招待、音响、摄影、司仪等等。分工非常细致，职责到人，工作井然有序。

他们也经常宴请我，宴请的经费既不是政府出钱，也不是社会出资，一律是参加宴会的人士自己掏腰包。这种公私分明的风尚很值得我们国人学习。我开始不理解，背地问一位朋友，让自己拿钱能来多少人呀？朋友告诉我说，在马来西亚，人们都以受到邀请为荣，认为自己是有身份、有一定社会地位的人。不仅愿意掏钱，还愿意多掏钱。因为座次的前后是以捐助金额的多少来确定的。我又开了一次眼界。

新、马两国对相声艺术的普及推广非常热心，非常积极。槟城著名相声演员洪昆券说："相声在前阵子较为陌生，最近这几年来，文化团体一直推动主办，皆因相声已逐渐为民众所接纳，成为文化的一环。"他们推广普及相声，除了相声艺术本身所具的魅力之外，更重要的是侨胞们对民族传统文化，对民族语言的无限深情，而相声，恰好是最便捷、最易为人们接受的一种形式。

新、马两国有一批为普及发展相声艺术而艰苦奋斗的有志之士。比如新加坡的韩劳达和马来西亚的姚新光两位先生，他们都不是专业相声演员，都有本职的工作，但他们不仅身体力行，既创作又演出，而且还积极组织有关活动，促进相声的普及。他们是那样的积极认真，具有敬业精神，比起他们，我们国内的有些笑星们不免相形见绌了。尤其值得高兴的是，1996 年 10 月，在马来西亚"堂联绿野文化基金管理委员会"的主持倡导下，约请"南方学院"马来学系，从我的作品中选出 20 到 30 个段子，翻译成马来文出版。"管委会"主席陈达真先生在报上撰文说：

"为了在我国承传和推广相声这门艺术，以及促进国内华、巫文化的交流与马、中文化交流，我们决定来一次大胆的尝试，要将华族的相声翻译成马来文，让友族同胞也得以分享。”

翻译我的作品，当然不仅仅是我个人的光荣，光荣属于伟大中华民族的传统文化。我的作品能为民族之间的团结，国家之间的友好作一点微薄的贡献，那是我一生之大幸，也是我始料未及的。

相声在美国

1988 年去美国，是一个不太负责任的团领导带队。不知道她跟邀请单位有什么交易，反正不让我们一次到目的地，而是要我们在各个城市飞来飞去地转飞机，还得是夜航，倒腾的目的就是为便宜，根本就不顾我们的体力和感受。这个现实，那女领导也看在眼里，我们反映，可她说：“我看不错啊。”

这是“行”，还有住。

那次合同上写的是住三星以上的宾馆，可是到了后，那女领导竟然同意我们都住在“汽车旅馆”。因为汽车旅馆条件太差，休息不好，几天后，眼看着就影响演出了，我们提意见，可那女领导仍然不管我们死活。等到华盛顿后，我决定直接让接站的把我们送到酒店，不然不下车，当时彭丽媛、刘伟等都赞成，说：“好，不下车！”

那领队的领导说：“这是在国外，别整这事儿。”

到了后，我们真的不下车。要求按合同办事，住“假日酒店”。美国方面说，我们这部分费用早给你们领队的了。好吧，住假日酒店。

再说那次的吃。不在演出地方的附近吃，要隔墙迈栅栏的去郊外吃，吃了很多回。后来，我们才知道，那“吃”是赞助的。

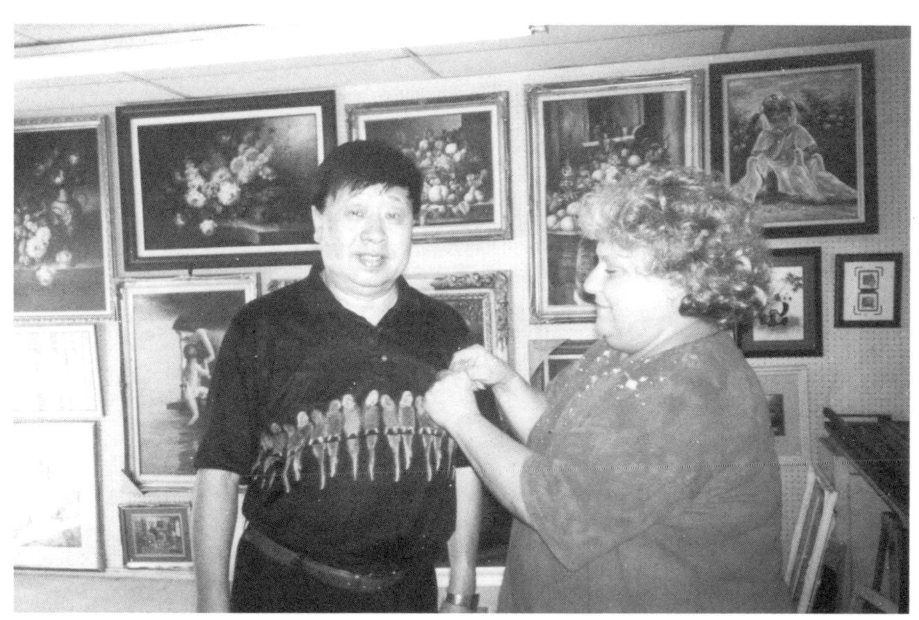

马季在美国接受“荣誉市民”徽章

在演出期间，正好赶上上海电视台和美国《好莱坞杂志》搞合作，摄影，介绍些稀奇古怪的东西，是中外互相交流的节目。从这个节目，外方导演听说我们在，就找到我，说：“中国的喜剧家，我愿意跟你合作。请你参加拍摄，参与这节目。”还邀请我和演出的其他人员到他家里去做客。

我对这个导演说：“你找我们这个代表团的团长去谈。”

他找了“团长”，团长说：“好好好，支持支持……回去研究研究。”

回来后，这“团长”不言语了，假装忘了这事儿，一直“研究”了几个月，直到这事儿流产了，她才有了笑模样儿。

90年代，我在美国华盛顿一个挺有名的大学里演出，中国留学生

马季与美国女演员合影

很多。演完之后，校长——一位“纯”美国人出来讲话，说：“演的什么我不懂，我看我的学生都笑了，我也跟着笑起来了，想必是说得非常精彩。我的学生们都非常开心。”

演出之后会餐。校长助理过来敬酒，他是上海人。席间，还有一个美国华盛顿商会的会长。校长助理说：“马季，大家喜欢你的相声，这不是你个人的相声，是全人类的。其实海外华人比你们更珍惜中国的传统艺术，比如这相声！你要知道，你的这些东西不是你个人的，是我们民族的，你要把它保留起来，你做这方面的事了吗？”

我说，我没有。

“这不对！如果你国内没有这个条件，你找我来，我帮助你做，让他拿钱。”他把商会会长给叫来了，问：“你出钱可以吗？”商会会长连连点头，仿佛接受了莫大的荣誉。当时，我们出访团的团长也在，我笑着对团长说：“您都听见了，得重视这个啦！”

结果，还是没人重视。这就是我们中国人的办事方法。

我还去过加拿大、保加利亚、匈牙利、罗马尼亚、南斯拉夫、捷克斯洛伐克、法国、荷兰、比利时、卢森堡、德国、奥地利、澳大利亚、新西兰、南非、坦桑尼亚等。

二十多年来，我访问过的国家和地区就遍及亚洲、欧洲、北美和澳洲，只要有华人的地方，都喜欢相声，相声给他们带去了欢乐。多年的海外演出，我深切地感到相声艺术能使炎黄子孙笑在一起，感情融在一起。

第十二章 关于相声『马家军』

我是新中国成立后成长起来的第一代相声演员，我在40岁以前，从没想到过要收徒弟。尤其是“文革”期间，相声界一片愁云惨雾，身家性命都难以自保，谁还收什么徒，谁又拜什么师？70年代，我被任命为说唱团团长，职责在身，我不得不考虑艺术人才的建设。“文化大革命”，“革”掉了近十年大好光阴，侯先生等老一辈艺术家年事渐高，我也步入了不惑之年。眼看说唱团相声队伍后继无人，我心里不免十分焦急。于是，我开始注意发现人才，着手物色接班人。

我的师徒观

从70年代起到1990年止，和我正式建立师生关系的有姜昆、赵

马季与姜昆、李静民夫妇

炎、刘伟、冯巩、笑林、黄宏、王谦祥、李增瑞、彭子义、韩兰成、刘喜尧、李国修、姚新光、常佩业、黄志强、尹卓林、侯冠男（刘宝瑞的外孙）等共 17 人。这些学生中很多人目前都成为相声、小品界的中坚。有人看到体育界有个“马家军”，在国际赛场上屡创佳绩为国争光，因此，也将我们命名为相声界的“马家军”。

姜昆是我第一个徒弟，他是 1976 年调到说唱团的。

1976 年，全国曲艺调演在北京举行。我和唐杰忠观看了黑龙江省代表团的演出，发现有两个小伙子挺不错，一个是姜昆，一个是赵殿燮，也就是后来的赵炎。我和老唐商量，向总团团长王力叶建议把他们调进团来。

姜昆是北京人，1968 年作为知识青年来到了“北大荒生产建设兵团”接受贫下中农再教育。在北京，我们本想找他谈谈，谁知唐山发生大地震，曲艺调演刚开始就把代表们遣散回去了。地震过后，我和老唐去建设兵团，向他们请求调人。兵团政治部主任一口回绝，说北大荒需要人才，省里有通知一个也不放。

怎么办？回到北京和团里几位领导一商量，有的说搁一段再看，有的说再到别处去物色，别吊死在一棵树上。我舍不得这棵好苗子，认准了非想法调来不可。我提了个建议说：“既然那位政治部主任态度很硬，不能再找他，要找就找他的上级！”

“要是他们上级也是一个口径呢？”有人问。

我想了想说：“我们不妨使点巧劲，先不说这事，组织人去搞慰问演出，联络感情，等混熟了，看准机会再张嘴。”

“行！”

大家都很同意我的想法。于是，我们立即组建了一支十多人的演出小队，由政委带队，以慰问演出的名义奔赴黑龙江。我和老唐打前站，到佳木斯见到了兵团领导，对他们说：

“兵团这些年对我们广播艺术团支持很大，为了表示感谢，这次我们专程来进行慰问演出，同时，也向战斗在北大荒的兵团战士们学习……”

几位领导当然十分高兴。我们首先在师部礼堂演出一场。整个剧场塞满了人，外面的人比场内的人还多，结果又加演了一场。两场下来，我嗓子充血，声音也嘶哑了。后来几天，我们坐火车赶场，连边远的鹤岗都去演了。演出受到了兵团同志们的热烈欢迎，兵团领导对我们十分满意。

演出结束后，一位副司令员出面宴请我们，宾主寒暄一阵后，副司令员说：

“你们的慰问演出反映很好，现在结束了，说实话吧，你们这次来，还有什么目的？”

我心里“咯噔”一声，心想：到底是军人，说话直来直去。赶忙回答道：

“我们想调个人。”

“行，要谁给谁！”

“要姜昆。”

“给！”

没想到这位副司令员竟是这般爽快，我和老唐一阵高兴。只见副司令员转头对旁边的政治部主任说：

“明天就给他们办手续！”

政治部主任完全没想到是这种结局，仍然想挽回局面：

“省里有精神，这些人不能动，要动得事先通报省里……”

“不管他啦！”副司令员打断他们的话说：“先中央后地方，有什么问题我顶着，明天就办手续！”

调姜昆的事就这样完了，而且很快办好了手续，并将他的爱人李静民一同调进了说唱团。

粉碎“四人帮”后的第一年，我们团接受了秋季广交会的演出任务。春节前团里就开始布置任务，大家下去分别准备节目。我当时的任务是最紧的，因为能拿起笔搞创作的没几个人，而郝爱民、李文华、唐杰忠等又都不在，因此，我最少要创作三四个相声，才能完成这个

1990 年在苏州举办的“马季弟子谢师会”
（中间坐的为：马季和弟弟马树铭）

任务，所以春节前我就出发到桃源搞创作。

姜昆第一个报名：“马老师我跟着您去。”我说：“要出去春节就不能在家里过了。”“没有关系。”当时他刚结婚，这点我很佩服他，我说：“你再考虑考虑。”“我绝对能去！”这样就跟着我到湖南桃源县搞创作。

桃源县是我的生活基地，到现在我已经去过二十几次了。在桃源我对姜昆讲，我们在创作上的指导思想就是要突破“四人帮”在创作上的禁区，要与过去在题材、内容上有所区别。如何做到这个区别呢？在粉碎“四人帮”以前，当时的水电部副部长到桃源视察，中午吃完饭他把我叫过去:“马季呀，我有一个想法，这个地方山、水、田、林、路综合治理得非常好，他们的实际情况，比照片要强得多，他们干的比他们宣传的要强得多，值得去宣传，应该写个相声。”我当时跟部长说:“我们创作有一个‘三突出’的原则，您给我出的这个主题，叫见物不见人，我的第一号人物是什么？我写县委书记？我找倒霉呢吧。”“呦！还有这么一说呢？我不知道，我不知道。”于是打了退堂鼓。但是部长的话在我心里留下了深深的印记，所以这次去了，我就跟姜昆提出来了，首先部长提出来的这个主题非常好，咱们就抓住这个主题，因此我写了《新桃花源记》。

我让姜昆考虑一个主题，“四人帮”时期，恋爱题材是禁区，不能触及。他比较年轻，正适合这样的题材，写年轻人为了兴修水利，几次推迟婚期，题材既新颖，又反映了当时的现实生活。为了准确地反映当地的实际情况，我们请了两位当地的老师，围绕这两个主题座谈，大家先讨论，完了分头执笔去写。姜昆最后写成的段子叫《迎春花开》，我写了《新桃花源记》。姜昆写的初稿拿出来给大家一念，很不理想。因为姜昆那个时候刚从业余宣传队调来，在创作方面还有些差距，和我们讨论的距离比较大。我对姜昆说:“甭着急，我晚上给你加加工。”后来，我按新的结构改了一稿，就是现在演出的那个稿。其中有几段唱，唱词是我请来当地的杨善智老师，让他坐到我旁边，情节写到唱，就让他给我想几句词。第二天给姜昆一念，他说，挺好。这个段子当时确实是手把手帮助他的，从一开始的创作，到排练时动作怎么设计，语音怎么处理，都是一点一点帮他设计出来的。姜昆很灵，一点就通。

马季与姜昆

这两个节目都写出来之后，我还写了个节目叫《看电影》，写江青在审查电影片子的时候那种泼妇的表现，后来交给郝爱民演出。我们三对相声加上侯宝林先生一对，侯先生是以自己拿手的节目为主。演出时，我对姜昆、郝爱民明确地说，文责自负。所谓“文责自负”就是印节目单的时候，谁演谁就是作者。后来《迎春花开》发表了，姜昆让他爱人找我来了：“马老师，《迎春花开》发表了，您看怎么处理？”我说，“谁的名字谁拿着呀。”

还有后来使姜昆名声大振的《如此照相》，他也征求过我的意见，我则尽量给他出主意，使包袱能更响一点，但整个结构是他们自己搞的。他演出的段子我听了之后，凡是觉得有刺的地方，我都会给他提出来，就是这样互相交往。后来他创作的作品，也不是都征求我的意见，但在一个台上演出，演完了下来，给他提提有些地方应该怎样处理会更好，是正常的一种同行之间的交流。我在团里收的几个徒弟，基本上算是工作需要，不是我个人的选择，因此，也不像过去收徒弟那样。

赵炎既是我的徒弟也是我的搭档。调赵炎同样也不顺利。我和老唐找到赵炎所属师部，师部没说不放人，只说赵炎早调走了。问到了哪儿，回答说："北京廊坊。"

我们一听高兴了，廊坊好找呀，不就是前门外吗？回到北京后，团里派人去廊坊查找。头条、二条、三条查遍了，连煤市厂、珠宝市都去查了，就是没有赵炎这么个人。我一想，该不是安次果的廊坊吧！事不宜迟，赶快又派人到安次果廊坊去找。果然没有落空，在一家汽车修配厂找到了赵殿燮，原来，他早已调来此地，当上了一名电工。这样七弯八拐，总算把赵炎也调了进来。于是，我也就成了他们两人的老师。

赵炎调进来之后第一个节目就是《舞台风雷》，我上午10点钟脱稿，就把他叫来："咱俩排练会儿，下午4点钟去清华大学演出。""第一次，行吗？"我得给他鼓劲儿呀："你放心，有我呢！"其实我心里也没底。但是这个节目的梗概我清清楚楚，我的创作伙伴王兆元还在，我让他在后台拿着本子："只要我们俩谁打磕巴儿，你就大点声提，没关系。"幸好我们俩没有忘词，演出顺利。这是第一次和赵炎的合作。我对这个小伙子比较满意，满意的是什么呢？不是他功夫有多好，是他声音很好，声音浑厚。活儿也好，反应机敏。

马季与赵炎

我和唐杰忠分开之后，我全身心地投入到对赵炎的培养之中。我觉得和他合作中间有两个过程：一个过程，我想让他在创作上下下功夫，我觉得我走的这条路，形成的观点应该在徒弟身上贯彻下去。我向来主张，相声演员要两条腿走路，创作上要下七分工，表演上才能不断进步。自己能写就不依赖别人，对于自己表演风格的形成大有好处。你看艺术大家梅兰芳、侯宝林等，哪个不是亲自参与创作的？于是我有意识地，给他多提供创作素材、给他讲结构。搞了几次发现不行，创作需要的灵气儿与表演不同。于是我就放弃了给他指导创作的初衷。

马季、赵炎与谢添先生

第二个过程是逐步让他在表演中抖响包袱。我想，他既然这么有人缘，他一直处在给我捧哏，那么，我要让他学会逗哏。我提出一个主张，现在的相声演员应该捧、逗俱佳，应该缩小捧哏与逗哏之间的差别。需要你逗的时候你就应该逗出来，需要你捧的时候你就应该捧出来。为了培养他，我写了《老少乐》。继承传统的子母哏的段子。相声主要是“一头沉”，比如，过去侯先生、郭启儒老先生合作的段子，情节到了郭启儒先生那儿，郭先生用一种铺垫的话再转回侯先生那里，让侯先生抖包袱。这样，他就是“一头沉”。郭先生要是直接将包袱抖响了，那叫“抢戏”。捧哏地站在一边，就是仅仅起到那么一个陪衬作用，他的才华不能全部释放出来。

但是我还是想让赵炎在逗哏方面得到锻炼，于是我在他身上继续探索走这条路。最后我有一个发现，他和我演出《儿女赞》《看电视》《吹牛》这些段子时，到达了他的高峰。那精气神儿、声音、动作配合得非常好。实践证明了逗、捧两人同样分量也挺火，更容易出效果。我终于松了一口气。

可是后来赵炎病了，高血压，住了几次医院。一次相声比赛的时候，一个日本的徒弟要跟他演出《彬彬有礼》，结果临场时他病了，被送往医院。他这一病，家里对他很严格，改变了不少生活习惯。喝酒、抽烟极力控制，行动、坐卧都不像原来那样了，走路稳稳当当，说话不慌不忙。这种表现，就使他在舞台上的激情少了。听马季的相声得有激情，人们问："马季，你最大的特点是什么？"我回答："满腔的激情。"不过这时我年纪也大了，跟他们合作的时间也少了。

带徒弟就是有这样的痛苦，有时候你发现他们的问题但没法改变它。但我是能够帮助他们纠正的尽量帮他们纠正，尽到一个老师的责任。

徒弟中另一个和我搭档的就是刘伟。现在社会上流传说，马季最得意的徒弟就是刘伟了，实际上，就是我跟他最近的演出节目多一点儿，我对所有的徒弟都是一视同仁。刘伟、冯巩是一起招进来的，他们俩是天津人，很小就喜欢说相声，从十二三岁起就老往我家跑。后来两人一起进了铁路文工团，拜师也是一起拜的。铁路文工团团长领着他们俩到我家里："马先生，我知道你跟他们多少年的关系了，今天由我挑头，正式拜师。"他们合作得也很好，两人调到广播说唱团后，正赶上我们上香港演出，两个人就创作了一个唱歌的节目，反响挺好。后来上了中央电视台的春节联欢晚会，叫《虎年谈虎》，火爆极了。很快报纸上对两个年轻人评价很高。

冯巩和刘伟两人一起来的，得到了社会上的承认。但是他们最终还是分开了。起因是刘伟去澳洲探亲，走之前说的是到那边看看，能呆住就呆住，结果待了不到两年，一看那边情况不行，就返回来了，这时候冯巩与牛群已经搭伴儿演出有了些名气。这没有办法，你走了，人家就重新配对，很正常。

冯巩为什么看上牛群了？牛群能写，他写过几个好相声，像《威胁》等等，有才气。与牛群合作，冯巩在新作品上就不发愁了，在表演上他带着牛群。牛群呢，他也想跳出北京军区文工团的圈子，两人自然一拍即合，实际发展的结果也很不错，冯巩因此走上他事业的巅峰。

刘伟回来后没有搭档了，怎么办？我跟几个徒弟一块儿商量，他在心情上有失落感，咱们要像保护大熊猫似的来爱护他，不要让他就此沉沦下去。我决定在春节联欢晚会上给他捧哏，这是我第一次为他捧哏。我们表演的是韩兰成的作品《送别》，春节播出了，效果很好。结果赵炎的媳妇儿有意见了，她开玩笑地跟我说，春节联欢晚会后，赵炎的许多朋友打来电话问他是不是犯什么错了，“就刘伟是大熊猫需要保护，我们家赵炎这个‘大熊猫’您不管啦？”我当时的感想是：背着一个，抱着一个，还得拉着一个。但是他们是我的十个手指头，哪个不好，我都心疼。正是因为这样的感情，他们跟我的关系都非常好。

马季与刘伟

前几年到意大利演出，是在一个体育馆，意大利的华人都是温州一带的，都是一个村一个村过去的，素质不高，与当地高级的演出场馆不相称，场面实在太乱了，闹闹哄哄，按照正常的节目演不了，怎么办？于是，我们决定演传统节目《打灯谜》，垫话儿少，我们行话叫“皮儿薄”，大家容易乐。但跟我去的刘伟没说过这个段子，只有些印象。在后台我就跟他现场说了说应该怎样演，我们俩就上台了。上台总有一个垫话呀，他上去这垫话说乱了，“大家都熟悉，这是我们的相声表演艺术家马季先生，我的名字叫刘伟，他是我师傅”，说完之后，直接一转，“要讲说相声呀，我看你不如我，比我还差一点。”“我怎么比你差一点呀？”“我脑筋比你好。”“我就不服你。”两人抬杠，进入这个《打灯谜》。前面说的话跟后头不是一个意思，相互矛盾。下来后我对他讲，老前辈强调垫话的重要性就在这儿，你要前后一致，你的垫话是为了谦虚，为了尊敬我，但你这样说跟你后边的话相矛盾，既然我是你的老师，怎么比你还差点儿？因此大家就不理解，不理解就不给你反映，效果就差。

我就是这样教学生的。我曾经说过这样的话：相声要适应时代的发展，应该在我们这辈人身上产生新的教学方法，既要继承口传心授的传统方式，又加上一种新型的理论上的教学，两者相结合，才有利于发展相声，这是我的看法。但是我做得还不好，虽然我也出版过相声创作方面的理论专著，但是在相声理论上还没有成系统的东西，我希望理论界的人多重视相声艺术的研究。这样相声教学就会更加具有科学性和专业性。

以《送别》为契机开始了我与刘伟的合作。我们合作的《老少乐》效果很好，一个年轻的、一个年老的，互为捧逗。以后，我们又创作了一个节目，叫《拿大奖》，这个节目就是以我们两个师徒的身份写的，上来就是互相吹捧，“他是我的老师”，“他是我的徒弟”，我们俩感情怎么好，他怎么爱护我，他怎么支持我，我们在钱上没红过脸，亲密无间等等，然后，话锋一转，参加比赛去了，拿奖了。“优秀作品奖，是我刘伟，没你马季什么事！”“到这时候没我事了？”“有哇！表演奖，马季排后头。”“我是你师傅，我应该把名字放你前头，这是老规矩。”“老规矩？宪法都能改，你那些还不能改呀？”“这些年我培养你干什么？我尊重你干什么？”你一来，我一往，演出很火爆。

一段时间里，刘伟和赵炎交叉跟我合作，适合赵炎的节目，就跟赵炎。像《数目字》这个节目，赵炎演不了，就让刘伟去演，我来捧。所以，更多的时候就是我们三人，有时还包括韩兰成，大家相处得很愉快。

冯巩在徒弟里是老四，绝对聪明。他 13 岁初中一年级时，就跟我开始接触。汪景寿教授曾说：调姜昆用的是“苦肉计”，调赵炎是“穷追不舍”，调刘伟、冯巩是“三顾茅庐”。这种比喻无非是说明发掘人才的艰难。的确如此，调进刘伟、冯巩，竟花了七年之久，比之抗战只短一年。

我第一次见到冯巩是在 1972 年。那一次是去天津演出，听说有两个中学生相声说得不错，我便约好去他们学校见面。那天已到了六点多钟，我到天津市 26 中，学生们都放学回家了。班主任蒋老师告诉我说，两个学生还在等着我。接着，蒋老师叫来了冯巩和另外一个学生。我一看冯巩：长脸蛋，白面皮，双眉稍稍有点下落，生就一脸喜庆像。蒋老师介绍过他们的姓名后说：

“马老师是专门看你们说相声来的，这是个难得的机会，快给马老师说一段！”

于是，这两个孩子把书本往课桌上一扔，就是在教室里说了起来。

他俩说的是《挖宝》，这是常宝霆的拿手段子。冯巩当时只有 13 岁，可他那动作、语气，就连嘴唇的开合，活生生一个小常宝霆，太像了！我不禁又惊又喜：这孩子模仿能力怎么这么强？是块材料！只是他们年纪太小，当时并没有考虑调他们进团。

过了两年，冯巩上北京找我。他带了个同学，不是原来的伙伴，

马季与冯巩

而是刘伟。我一见刘伟就喜欢上了。这孩子长得灵气，会拉二胡，会唱歌，还在学校乐队当过指挥。他俩当场又给我说了几段相声，《海燕》《友谊颂》《山鹰》都能演，尽管是模仿，但可以看得出他们潜在的悟性和聪敏。从这以后，他俩就经常趁星期天到北京来，我也经常给他俩讲些相声的基础知识和辅导他俩的表演。我见冯巩个儿高，刘伟瘦小，将刘伟改为逗哏，冯巩改为捧哏。从此，小哥儿俩一捧一逗，配合得非常默契。

粉碎“四人帮”不久，广播艺术团招学员，我赶紧通知他二人前来应试。业务考核顺利通过，但“政审”冯巩过不了关。他的曾祖父是当年北洋政府的代理总统冯国璋。拨乱反正刚刚开始，谁要进广播系统还得“查三代”，大军阀的后代，谁人敢收？我不忍心眼看这两颗好苗子被埋没，便托人介绍东北基建工程兵文工团。他俩穿了一年多军装，但天津纺织技校不办手续放人，没法，只好回到原单位。但我仍不放心，通过侯耀文的关系，又把他俩推荐给铁路文工团。

后来政策放宽了，两人终于调进来，我确实把希望寄托在他和刘伟身上了。我当时是说唱团团长，跟总团王力叶团长表过态：请上级领导放心，我保证在说唱团这么多曲种当中，把相声发展成为拳头曲种，过去几代相声名家都是从这里诞生，我保证相声这个行当不让它断代，他们进来之后，我马上就要物色比他们更年轻的，所以对他们抱着很大的期望。我应该说在他们身上经常是夜以继日地指点。从进来之后，正赶上准备第二次去香港演出，于是我给他们出主题，帮助他们创作，把着手给他们排练。

我为他们挑了我的一个作品《五十子》，这个作品是在上海的一次演出中创作的。当时我和王金宝住在锦江饭店，离演出的体育馆不远，我们俩走着去。在路上我说，传统节目当中有《找五子》：“我这有把扇子，上面有扇面子。”“废话！没扇面叫扇子吗？”……我们可以把它再延伸，还能再找出几十个“子”呢。我们一边走着路，一边说着“子”：你们家有房子，房子上有窗子，房子里有桌子、椅子……这么一路找着，就走到了后台。我很兴奋：好，今儿我就演这个！大段演完了之后，我就加演了这个小段，起名叫《五十子》。这段当时很受欢迎，演出效果火爆！后台的人都说：“马先生，这个好呀，很有意思。”因此，我找来刘伟、冯巩，把这个节目交给他们。他们年轻，接受得快，第三天就带去演出，效果很好。

我的有些作品，别人演我有点不放心，而他们俩演我绝对放心。还有《四字歌》，我也叫他们演。那年姜昆带队去新加坡演出，他们问我："马老师，您说我们演什么好？""就演《四字歌》，准行。"两人排练好了，去了新加坡。此外，还有说日本礼节的《彬彬有礼》，两人表演效果也很好。很多我通过演出觉得不错的段子，就推荐给他们两人演。有人说我对这俩徒弟有点偏爱，因为我觉得他们两站在台上，年轻，风格清新，技巧也掌握得很好，我喜欢。

除去在选材上我给他们提供素材，还经常看看他们的表演，给他们出出主意。有一次我们出去演出，冯巩提出一个题材，叫《临终忏悔》，写人在临死之前，想到过去那些遗憾的地方，感到后悔。我觉得挺好，便帮助他弄结构，大架子搭起来了，他说，今晚上我写去。第

左起：赵炎、刘伟、马季、冯巩、范曾、王景愚

二天他找到我说，“这地方还有点卡壳。”我说，“不要紧。”给他出了主意。第二天又来了，“这个地方又不行了。”“不要紧，再改改。”又过一天，他主动说：“先生，不行了，这创作我真玩儿不转了。”“怎么打退堂鼓了？我写。”用了五天的时间，我写完了。《临终忏悔》就是这样诞生的。后来，他们演出《临终忏悔》，很受欢迎，现在冯巩教的学生也演这个节目。

冯巩作为一个捧哏演员，做到与逗哏演员并驾齐驱，这是他的突破。我早就提过，捧哏和逗哏间要缩小差别，变成一个“全天候”的演员，既能逗，又能捧，冯巩走的这条路是正确的。我与冯巩的关系很好，尽管他现在已经当领导了，是总团的艺术总监，是我的领导，但对我依然很尊重。尽管他平时很忙，但每逢过年过节不是来看我，就是打个电话问候。这次我的书法展他没能参加，还专门在海南打了个电话：“师傅，我不是不去，我是到海南了，等我回去，我再看您。”有这样的徒弟，我也算满足了。

笑林原来是北京远郊县业余宣传队的。北京曲艺团原团长于真，是一个非常能干的女同志，她决心把北京曲艺团建设好，她把笑林调进团里。后来她领着笑林找到我：“你给我带一个徒弟，无论如何给我教好，我把希望寄托在这个年轻人的身上，要改变北京曲艺团的面貌。”

正式拜了师。我对他也寄托着很大的希望，因为这个年轻人好学，热爱相声。于真把笑林交给我，还有一个原因是觉得当时北京曲艺团的风气不正。我也感觉到他们的一些演员，尤其是旧社会过来的老演员，带有很多旧艺人的习惯，脑子里装的不是业务，缺乏一种竞争要强的气氛，在创作上也缺乏积极性。早上起来一上班，一人端着一个茶杯，围着火炉子聊大天，讨论的就是哪个馆子的饭地道，商量中午几个人去哪儿撮一顿。很少有人在业务上下功夫。但我与他们团的相声演员赵振铎关系很好，他有时搞一些创作会找到我，于是，我们约好了上中山公园茶座，沏上一壶茶，互相探讨，交流创作。

在这种风气影响下，北京曲艺团缺乏生气，年轻人缺乏蓬勃朝气。继笑林之后，于真又交给我一个徒弟，从部队来的，现在已经去世了。那时候于真相信我，把这个人交给我说，这是从部队来的，素质很高。我那时候正上上海机床厂、上海凤凰三厂体验生活，我就把他也带去了。1973 年修改《友谊颂》的时候，我也把他叫去了，带着他。但是后来我跟他关系不是很好，我对他有点看法，为什么呢？他每天喝酒，每次上我这来，一身的酒气，没有一次是清醒的，每一次都是大着舌头进来的。我很反感他这个样子，渐渐地我们就疏远了。

笑林则比较正。他是我 60 年代收的徒弟，我记得当时给他的见面礼是我演出的唱片《女队长》。他肯向我学习，经常到我家里来。我也是在创作上对他进行帮助。我记得有一次接受任务，参加北京市的比赛，他的相声作品《一个罐头盒》得奖了。创作这个作品时，我给了他很大的帮助，他到我家里来，拿本记着，我就给说这个主题从哪儿开始，这个垫话从哪儿开始说才有包袱，在我家两三天就凑出这个节目，还拿了奖。他在中央电视台春节联欢晚会上备受欢迎的段子《学播音》也是我参与创作的。当时的晚会撰稿人有这样一个创意，用笑林的聪明，来学学几个著名播音员的特点。于是他们和笑林一起找到

马季与笑林

我，我们在一块儿共同创作了这个段子。

笑林嗓子好，擅长唱，什么东西都加唱。我有时候就提醒他：你有时候加唱，太生硬了，没有原因就唱起来了，观众跟我一个感觉，太愣了，侯先生也擅长唱，但他揉到主题里头，揉到相声里头，感觉与整个作品很协调，是相得益彰。但你的一些是为唱而唱，与作品不符，效果适得其反。有一次我们在友谊宾馆同台演出，笑林一见我就说："先生，您帮帮忙，这儿有个节目，给您汇报汇报。"随即又赶紧声明："先跟您说，对不起先生，我又唱起来了！"

跟笑林的交往，我觉得很健康，平时没有事的时候，也不是老在一块儿吃吃喝喝，他没有那种作风，人比较正派，对业务很钻研。

马季与黄宏

以演小品而成名的黄宏，怎么成为我的徒弟了呢？这要从我与他父亲的关系说起。他爸叫黄枫，是位唱山东快书的演员，曾任黑龙江省曲艺团团长。这人年轻的时候，很有组织能力，把黑龙江省曲艺团搞得有声有色，还广泛地与兄弟省、市的曲艺团联系，把各个团之间的关系搞得很融洽。他经常带着人来说唱团学习、交流，与我们关系挺近，因此大家对他印象非常好。他在台上的表演也确实不错，被称为中国曲艺家协会的“四小名旦”之一，我当时也位列其中。我与他的关系一直比较密切。转眼间我们的岁数都大了，有一次黄枫见到我，说：“你这一派相声很红火，徒弟也不错，观众喜欢，但是同行里不见得佩服你。我儿子黄宏，那绝对是马派的维护人，只要有人说马季不行，他上去就跟人家干！这孩子是你的继承人，你把他收下吧！”黄宏当时在沈阳军区说相声。我说：“越这样我越不敢收，回头把人都得罪了，我们俩唱光杆儿戏去呀！”“咱说正经的，那孩子业务上真下心，你再引导引导他。咱哥俩这个关系……”这样，我把他收下了。

黄宏说相声在沈阳这个环境里，自然而然地走上演小品的道路。我佩服这孩子的最突出一点就是能写，这就是我的思路、我的主张：一个曲艺演员自己不能写，只靠别人做好了饭端上来给你吃是不行的，自己拿笔写，自己上去演，又快、又新鲜、又能发挥你的特点，这也是我一直以来的做法。我在教徒弟时都强调这点，既能演，又能写。但最后并不是都能够达到，这不能强求。黄宏能写，他上一个节目演完之后，紧接着就开始琢磨下一个节目了。他爱琢磨，勤创作。我们平时在一起的时候并不多，但就在这有限的接触中，基本上都是在谈创作。

有一年的春节联欢晚会前，焦乃积和他创作了小品《打扑克》，节目已经成熟了，他跟联欢晚会导演说了，导演认为很好。这时候他打了我的主意，给我打来电话：

“师傅，我这有个节目，这个节目咱爷俩演，行不？”

我说：“这是你的意思？还是谁的意思？”

“春节晚会剧组想这样，我也有这个想法。”

我没有答应他，我说：“黄宏，这些话我不应该跟你直截了当地说，现在都说我打着相声这杆大旗呢，现在相声已经到了这种地步，大家都改行了，唱歌的唱歌、唱戏的唱戏、演电影的演电影、演小品的演小品。如果打大旗的也去演小品了，相声就不可收拾了。你谅解我，我还是打着这个‘旗子’吧！”

后来他找侯耀文演的，颇为走红。

我不是反对小品，《宇宙香烟》就具有小品的性质。我也主张小品，我主张的是相声式的小品，是以相声语言、相声结构、相声包袱构成的小品，这是相声发展的路子。只靠形体动作，只靠挤眉弄眼，只靠情节上的巧妙安排，它不是相声特色，跟相声不搭边。

但是我还是支持黄宏，因此，黄宏出的书，是我给写的前言，我总结他一共六个字，这也是从别人那里听来的“天赋、勤奋、机遇”。后来他也成了全国政协委员，我们开会的时候在一起，他跟我很亲。君子之交淡如水，没有吃吃喝喝的那种关系，交往起来挺真切，挺好。

有一次我过生日，打电话通知黄宏到家里来一块儿吃顿饭。他当时正要出差，心想，师傅通知我了，又不好意思不去。于是匆匆忙忙地就来了，一见面就说：“师傅那什么，我要坐飞机，要出差。”说着拿出 5000 块钱来要给我，我训他：“拿走！给我拿走！我让你给我送钱来了？”黄宏掉头就跑，活脱脱一个可爱憨小伙样。

最近他给我打来电话，他要给他父亲做点事，给他出一本书。他不能全面地了解他父亲，他对我说：“我父亲年轻的时候就跟您交往，请您把这一段给我介绍、介绍吧。”我就把对黄枫的认识详细地说给他听，现在这本书已经出版。我们之间就是这种质朴的师徒关系。比如，逢年过节的时候，来个电话问候问候。

还有一对徒弟就是王谦祥和李增瑞，他们原是北京曲艺团主要演员，后来，1996 年去了中国煤矿文工团。这两人 60 年代同时考入了北京市曲艺团学习班，由资深的已故老艺人王长友、谭伯如任启蒙教师，1984 年底，由相声作者廉春明同志引荐，成为了我的徒弟，当时也没有举行什么拜师仪式，就是几个人凑到一起一说就成了，非常简单。他们俩属于带艺投师，因为他们原来就跟老师学过，而且有自己的特色。

令我欣慰的是他们二人经常深入生活，搜集素材，自己动笔进行创作。创作完之后也和我商量，经常是写了改，改了写，直到最后满意为止。他们俩是既能表演又能创作的演员，这一功力应得益于他们的艺术修养和深入生活的结果。他们学习的面很广，爱好也很多，到外地演出，其他演员上午常常要睡觉，而他们却早早地来到书店、街头，经常是买的书比他们带的行李还要多。逛古迹、看展览、去工厂、下农村，与各色人物交谈，他们二人在四十多年艺术实践中，辛勤耕耘，结出了丰满的果实。虽然，他们在相声界没有大红大紫，但是，他们的艺术功底和对相声事业的追求是值得称赞的。

他们两人十二三岁就在一起合作，一捧一逗，至今已有四十多年了，是中国相声界相处时间最长的黄金搭档，而且形成了自己独特的相声艺术，有“祥瑞相声”的美称。

1990 年以来他们二人多次随我出访新加坡、马来西亚，演出过的相声《小放牛》、《姑娘小伙别这样》、《家庭主角》、《穆桂英挂帅》等

马季与王谦祥

节目，深受观众欢迎。

1987年，江苏在徐州举办全省曲艺汇演，邀请我和赵炎当评委。在这次演出中，我有个发现，晚会十几个节目中，有七八个都出自一人之手——韩兰成。而他只是个业余作者，是位工人。这些作品虽然还有很多地方不尽如人意，但几乎每个作品都有一些闪光之处，我看到了作者的才华。

演出结束后，省曲协秘书长找到我，说：“我们有位作者想拜您为师？”

马季和李增瑞

“谁呀？”

“韩兰成。”

我没有推辞。韩兰成带来一束花献给我，就算举行了拜师仪式。第二年，他调到南京军区歌舞团，成为了专业相声演员。

韩兰成对我很尊重，对业务很钻研。他有强烈的创作欲望，但还缺乏经验，经常跑到我这里讨教，总是想多学一些东西。有一年我在广东惠州参加“全国名人钓鱼比赛”，他知道后放下团里的工作就赶到惠州。他当时正为配合部队纪念淮海战役50周年搞创作。于是，我白天参加比赛，晚上就在宾馆里与他琢磨作品，创作出了相声《咱爸

马季和韩兰成

爸》。演出前他将作品署名：马季、韩兰成，我没有同意，还是算他的作品。

这样的共同创作还有一些，如《潘冬子》，也是反映部队题材的作品。那年我在海南的疗养院中养病，他就在我的病房中加了张床，一边陪住照料我，一边与我搞创作，写出了一台晚会节目。我与刘伟曾演出过他创作的《送别》，用歌曲连接，表现青年男女难舍难分的情景。对这个作品有人不满意，但在行内、相声界评价很高，认为在结构上有独到之处。我和王兆元合作过一个段子《南北赞》，甲乙二人分夸南北，一人说南方好，一人说北方好，我没有演，韩兰成主动实验

马季与韩兰成夫妇

演出。

韩兰成处处追随我，有时还将团里的工作放下，使得团里对他有意见，后来还因此从部队复员，脱下穿了十几年的军装，我觉得我也有责任，心里有些内疚。

韩兰成十分勤奋，也勇于创新，出版了《兰成集》。他曾经对人说，我老师这几十年的作品，把相声的手法、主题几乎都占全了，后人实在不好接！于是也搞一些出奇的东西，近年他培养了几个演员，有唱歌的、耍杂技的，还有变魔术的等等。有时我们在艺术思想上也不统一。但他对我说过，真正的创作还是要回到相声上来，要沿着前辈的路子走。在这点上我很欣慰，他属于我一贯主张的“全天候”演员，一边表演，一边拿笔创作。有创作力的演员才有艺术生命力，演员的技巧再高，不能创作是不行的。

姚新光是马来西亚的华人，对相声有执着的爱好和追求。他不仅进行相声创作和演出，而且还是一位活动家，马来西亚经常开展相声大赛和我多次去那里讲学，都是由他出面筹划的。由于他的突出表现和贡献，当地甚至有人称他为“马来西亚相声之父”。1990 年，我去马

马季与姚新光在马来西亚

马季与姚新光在北京

来西亚举办相声讲座，他非要拜在我的门下不可。我见他比我仅小 10 岁，曾反复推辞，而他一片诚心，甘心为徒，我也只好委屈他了。

姚新光是马来西亚的一个工厂厂长，因为酷爱相声，提前退休专门从事相声普及工作。我去马来西亚二十余次，最长的达半年，他有活动就叫我去。人家不理解，在海外相声不挣钱哪，有时甚至一分钱都没有的，完全是义务演出，但我还是要去，就是缘于一种感情，包括与姚新光之间的感情。

我们 1990 年第一次到马来西亚演出令我们很吃惊，当地华人对相声相当熟悉，我们就是说话语速慢一点，让他听清了，就行了。有时候亲切到什么程度，我在台上，我得不断地换节目，我想国内比较熟悉的节目，比如说地名，那地名国内比较熟悉，在国外就没关系了。说了半截，一个乐的也没有，那底下一个老太太说："这个我们听过了。"我们深切地感到，在海外的华人，甭管他几代，他对中华民族这些传统的东西都非常珍惜。接待我们的时候没有政府参与，完全是自发的。报纸上登出，马季带着11人的笑星团要来演出了。马上就有很多人来报名，都自带汽车，就跟咱们现在的志愿者一样。于是，交通问题就解决了。对马来西亚人来讲，是马季把相声表演带到马来西亚来的。

姚新光还做了一件事，马来西亚的马来大学，专门用马来语教学，对相声抵制。1990年我们去的时候，马来西亚政府对我们也存有戒心，中国驻马来西亚的大使周刚在招待我们的时候，跟我们约法三章：你们是第一个来的团体，他们很不放心，首先你们表演的节目，你们都拿出资料来，他们要审查，另外你们这个团到马来西亚国内，从第一天开始，政府内政部就派一个人跟着你们，这个人每天向内政部做汇报，另外与业务无关的一些活动一律不能参加。我们把它当成一种攻坚任务，相声能够到这个地方来，一定要打响了。最后，在那儿一共演出16天，到最后3天，马来西亚政府宣传部通知马来西亚电视台录像，翻成马来语向全国广播。从这个事之后，马来西亚大学找来四个教授，要翻译我的相声作品。我们正式举行了一次仪式，跟他签订合同，将我的11段相声翻成巫语，变成他们的教科书。

我遗憾的是姚新光本来要写马来西亚相声史，并且把我讲学、演出的内容整理进去，这一段发展他记录得非常清楚，因为他搜集了大量的资料，包括我在哪里演出，哪里有活动，那半年时间里，每天的报纸最少有三篇报道我们演出的事。新光生前说，他得找个作家，把这个写出来。我说你自己写吧，他说他要找文笔好、水平高的人来写，可惜他得了癌症，直到他去世也没完成这个心愿。

2004 年 2 月，我曾经在新加坡组织过相声演出为他筹集医疗费，临行前我跟北京的演员们约定，往返路费自己负担，大家二话没说就跟我出发，在那儿演了十几场，收入全部捐给他治病了。至今让我十分感念。转眼几年过去，新光已经不在人世，更加使我感慨万千。

姚新光属于社会活动家，他对中华文化，有着特殊的感情。除了积极地参与我们的演出活动，平时，他也热心地组织一些普及中华文化的活动。他办了一个普通话训练班，把中央人民广播电台最有名的播音员方明请去讲课。之后，他又请了一个太极拳教练，组织太极拳训练班，千方百计推广这中华古老的传统文化。临死之前马来西亚政府授予他一个文化奖。文化体育部的部长、财政司司长，都出席了他的追悼会。

姚新光还给我们联系成立国际相声协会，协会会址选在新加坡。计划每年举办一些相声交流、演出活动。还要接一些相声老先生去新加坡休养一段时间，回忆整理一些相声老段子，为相声留下一笔遗产，积累一笔财富。他在新加坡联系了一个商人，是一个印尼商人。我对他有些了解，因为我在新加坡演出时，他通过中国大使馆要求接待我们演出团，大使馆就同意了。他和夫人专门在酒店接待我们，请我们在一起联欢，搞得挺融洽。他的夫人是台湾人，是世界红十字会的一个负责人，搞慈善事业。我曾经亲自问过那个商人，你在印尼有多少收入。他说:“我没有多少，我就两个岛。”为了成立国际相声协会，我找他去了，他很痛快，他说:“好，我算一份，不能全靠我，我再给你拉几个人，我们全包。”可惜回来后我向有关部门一汇报，被罗列了种种不妥，最后不了了之。

我的徒弟里头还有一个台湾人，叫李国修，是台湾很有名的喜剧演员。我们的相识在多年前，当时是一个文化商人把他带到广州，把我、姜昆、赵炎都约到广州去，于是，我们跟他合作，共同录了几个节目，制成光盘，到台湾去销售。但搞了几个节目不是很成功，这时候李国修提出来了要拜师，态度非常诚恳。我特意向团里的领导请示，他们经过研究认为，海峡两岸建立起这种联系来，有利于曲艺事业的发展。我同意后，就在广州举办了拜师仪式，当时广东省台要来拍一

马季与李国修（中间二位）

个片子，李国修不让，因为在当时那个情况下，拍完了对他在台湾的活动不利。但是正式仪式举行了，摆上三桌，见到师傅面，磕了几个头，正式成了我的徒弟。广州的任务完成之后，回到北京，又在我家里举行了一个简单的仪式，师兄弟都来了，大家见见面，认识李国修。这是所有徒弟当中，唯一的按传统仪式拜的师。

前年我们到台湾去演出，是他整个给主持的。但是他不是说相声的，他是喜剧演员，在台湾很有影响，他自己挑起一个团来演出，自己养活自己，挺火爆。他把他自己这几年演的一些戏，都录成带子，让我带回来："马老师，有工夫您看一看，有没有我能够上北京打一炮试试的。"有一年，台湾的艺术家在北京演的《千禧夜我们说相声》就是他搞的，不过那次演出他没有来。

虽然我认了这么多弟子，但我总是反复申明，既是师徒关系，更是同志关系。我一贯不主张什么拜师仪式，我对我的老师没有举行任何形式，也不希望弟子们对我举行任何仪式。也许有人会问：既然你是这种态度，为什么又弄出了个"谢师会"？

这完全是因李国修拜师所引发的。

1989年，我在广州收李国修为弟子，李国修出于对我的尊重，非要按台湾的老习惯磕头拜师。当时金宝、赵炎、刘伟等都在一起，他们一半玩笑一半认真地跟着起哄。我考虑国修当时的心情，没有固辞。于是，他便郑重地行了大礼。这事情本来就算完了，可是几位弟子看了心里不太平衡。他们在一边议论，说以前老师这么多弟子，从来没举行过仪式，偏偏台湾的弟子反而行了大礼，得想个办法补一补。其中不知谁出了个主意，认为再拜什么师已无必要，不如以“谢师”为名，师徒们可以在社会上亮相正名，而且，“谢师会”名字也别具一格，比“拜师”包涵的意义还要丰富。

于是1990年就在苏州举办了“谢师会”。“谢师会”在苏州有关领导和单位的大力支持下，办得简朴而又隆重。弟子们的一片挚情，侯先生的贺电，总团老领导王力叶的发言，老搭档唐杰忠的讲话以及王决老师的书面致词，使我感动得几乎连话也说不出来。

众人对我的一生评价过高，让我感到惭愧，亦受到鞭策。我在答词中说：

“我能有机会和弟子们从四面八方欢聚一堂，荣幸地接受弟子们表达的真诚的感激之情和敬重之意，心里非常激动。是事业的魅力把我们凝聚在一起，并在事业的发展中建立起新型的师生关系。值得欣慰的是，你们都已成长起来了，成家立业了。当今中国相声舞台上，他们已经成为栋梁之材，成为深受观众喜爱的笑坛精英。作为你们的老师和同志，我深深感到喜悦和自豪。师傅领进门，修行在个人。我希望弟子们向生活学习，在继承传统的基础上不断创新，以更多更好的作品奉献给人民。我愿与弟子们共勉。”

当年恰逢亚运会在我国举办。为了使“谢师会”开得更有意义，我和弟子们加上赵世忠、唐杰忠、王金宝等诸位艺友，在苏州体育馆举行了连续四天的义演，将筹集到的资金全部捐献给亚运资金筹委会。

这次演出的影响很大，《长江日报》上发表了《笑坛马家军》的文章，对我与弟子们给予了很高的评价，于是，相声界的“马家军”在社会上便广泛传开了。

说心里话，我听到“马家军”的提法后，一开始还有些不安，不禁想起了一件往事。那是在“谢师会”之前。太原曲协为了组织一次全国性的相声研讨会，让我先拟个与会者名单。我再三斟酌，非常慎重地拟了一个。名单拟出后，会却迟迟没有开。我打电话询问此事，太原方面回答说，这个会开不成了，因为上面有人指责是“拉山头的活动”。我听了心头一震，开个研讨会也叫“拉山头”？且不说我尽量照顾到各个门派，就算都拟的是同一艺术见解的，志同道合的人，又有多大关系？就算是“拉山头”吧，这个“山头”的人如果一心一意为相声艺术的繁荣而努力，既不是争头衔，更不是抢“位子”，难道会对谁造成什么威胁和危机不成？

这回“马家军”的提法，岂不是明目张胆的一个“大山头”！再回过头一想，“马家军”既然能传播开来，说明社会上已承认有这么一支相声队伍，而且这支队伍在群众心目中还有一定的影响。这难道不是整个相声界的光荣吗？真正为相声艺术的兴衰关心和操心的人，他只能认为一支“马家军”少了，还应该多出几支“牛家军”、“虎家军”才好！

我联想到马来西亚的姚新光和新加坡的韩劳达。他们在各自的国度都有一个“山头”，代表着相声界不同的两面旗帜，在理论观点上经常互相批驳。然而，艺术观点上他们是对手，艺术活动中他们却是战友。他们有一个共同的目标，为繁荣和发展华裔文化而努力奋斗。所以，无论新加坡还是马来西亚，虽然在相声艺术上起点较低，起步较晚，但两国相声普及传播的速度却非常迅速惊人。

反省这些年“为人之师”的表现，有几点聊堪自慰。一是不存保守。不管其中哪一位，让我教什么就教什么，让我改什么就改什么。对他们的作品，我挖空心思出点子，提意见；我有什么新作，谁要就给谁。我认为保守的老师不是好老师，不仅有亏师德，还说明这老师道行不高，能耐不大。中国有个古老的猫教老虎的故事，人们都称赞猫有眼力，留了一手爬树的本领没传授给老虎，所以没被老虎吃掉。其实，从另一方面分析，猫师傅本来就没有虎徒弟强大。敢收老虎为徒，师傅本身应该是猎豹！

二是不勉强。从姜昆开始，我并不勉强他们学什么不学什么，完全凭他们的自愿。我认准那句老话：师傅领进门，修行靠个人。徒弟们每个人的条件都不一样，他们有各自的爱好和追求。都是由他们自己提出学什么是最适合于他的，强扭的瓜不会甜。从另一方面看，这也是我的毛病：要求不严。我对弟子也的确不甚严格，总是关照他们，也靠他们自尊自重。

三是不托大。专业上我和弟子是师徒关系，生活中则是同志和朋友关系。我生来性格随便，最讨厌就是那些装腔作势，自抬身价的人。我曾给好几个弟子捧哏。不仅在排练场上，而且在舞台上。这并没有失掉所谓的身份，而是更密切和加强了师生之间的感情。当然，更主要的是为了培养扶植人才。

作为老师，虽然给弟子们传授了一些技艺，但弟子们所取得的成就，主要靠他们自身的努力。有人曾经问我，当徒弟们的声誉超过了你这老师怎么办？其实，这很好回答：一、高兴。弟子强，我做老师的也有一份光荣。二、有压力。徒弟都赶上来了，自己怎么办？“长江后浪推前浪”，压力也是动力，迫使自己不敢吃老本。催我奋发，推我前进。三，希望如此。我真诚地希望弟子们都跑到我前头。

这就是我的师徒观。

我割断了儿子与相声的缘分

回顾我从事相声的经历，酸甜苦辣都有，但是苦的、酸的占一多半，其中的磨难、磨砺啊，真够我受的。因此，我的儿子马东，我不希望他重蹈我的覆辙，走我这条路。另外，我也看到眼前所谓的世家子弟，多得很，青出于蓝而胜于蓝成功的例子很少。所以，我的儿子，我不让他去学相声。我一直教导他，你发挥其他方面的技能，不要跟在你老子后面吃相声这碗饭，没有出息。

当然这话说出来有时候也得罪人，我说过一句话：我太喜欢相声了，但是我太讨厌这支队伍了。这是我的心里话，我说出来了，因此得罪了很多人，但是我还是要说。我可以克服相声界的一些坏习气，但我担心我的儿子随波逐流。

马东从小生活在这个环境中，十分喜爱相声、快板书等曲艺节目，他四岁半时他就能背出整段的快板书《奇袭白虎团》(近20分钟的节目)，当时把我吓了一跳，我问他是跟谁学的，他说是收音机。他对相声也有一定的理解和看法。我曾经创作了一个段子《地名学》，这段子也脍炙人口，是我在西单剧场从青年曲艺队那儿听来的一个垫话："您这脑袋上尽是地名，您整个一个地图哇，您让大伙看看，您前面这个'门头沟'。""我这个'门头沟'哇?"就是这么两三句，我听了以后受到启发，觉得很有意思，就决定写一个这样的段子，叫《地名学》。

马季一家人（1987 年春天）

我兴致勃勃，很快就把结构弄出来了，写完之后，我叫马东，说你听听这段子，他当时十几岁了，我夫人也在旁边，我就开始念，念完了，我夫人摇头；我儿子呢，我拿他当孩子，不懂事，结果他说：“思想性不强。”他走了之后，我思索这个东西，“思想性不强”是什么呢？好像这段子没有内容，只是利用“字音”上的巧合，产生了一些笑话。这样的段子，在传统相声里有很多，像《打灯谜》之类，都属于这类段子，这类的段子能不能成为相声呢？记得一位领导人曾经讲过这样的话：“一段相声怎么样为政治服务，为人民服务？让他笑了，而且是健康的笑，向上的笑，这不也同样可以为政治服务，为人民服务吗？”

1991 年马季与儿子马东在香港地区

因此，我坚持下去，再改得巧一点，使它趣味性更强一点。改完之后，我参加了一年一度的全国青年联合会，在中直礼堂。中间休息的时候，有人喊：“让马季上来给大家表演表演！”一个人表演什么呢？正好构思完这段，我上台一说，观众非常喜欢！马东的一句话使我对相声的认识变得更成熟了。

写《舞台风雷》的时候，五天没出门，马东放假在家，看着我整天就在那儿写。我写的时候，我一遍一遍老要说，怎么上口怎么写，代表甲和乙两个人，就跟对词一样。马东特喜欢这个，我哄他进屋去玩儿，他坐在那儿偷着听。我写完了，差不多他就能背下来了，小孩

1994 年马季与儿子马东在澳州

脑子快。写完之后，我把赵炎找来了："今天下午四点出发，清华大学演出。""马老师，我行吗？"我说："行，你一定行！"我们就排练，排练的时候赵炎忘词，这时候马东憋不住了，从里头出来，一探头，帮他把台词接上，完了对赵炎说："连我都记住了。"

马东很喜欢相声，经常偷偷地翻看我创作的本子。他那时正上学，我催促他早点睡觉，明天早上好上课呀。但听到他在房间里"哈哈哈"的笑，我说你笑什么呢？原来他在看《四大本》，相声小段，刘宝瑞回忆的，看到精彩处便忍不住大笑。笑完呢，他都掌握了。在这种情况下，我跟老师们一再声明，您可千万别引导他，一引导他就过去了，他就把精力从学习上转移了，现在让他好好学习，至于说不说相声，等他长大了再说。

之后，他留学国外。学成回国后投身电视行业，最初主持的节目是“有话好说”。看了这个节目，我感到他作了很多努力，有很大的进步，我很为他骄傲。我曾经想让他帮我总结我的艺术经验，写回忆录。因为他最了解我，我跟他深谈过这些，他的一些想法，使我也很受感动，我觉得孩子成熟了，他很多看法，对我来讲是一种教育。比如说，我跟朋友、师徒之间的关系，他是局外人看得很清楚，能看到我看不到的东西。我觉得他的分析有一种时代感。有时候，我钻到一些问题当中去，他给我讲，我觉得挺好。但是我提出来让他给我写回忆录时，他说：“我完不成。我和您是父子关系，中间必有一种亲情，使我们看问题具有局限性。”我认为他说得对。

但是，我十分庆幸我割断了他和相声的缘分。

第十三章 相声以外的事

在不同场合下，我基本上都说过我的几个爱好，比如篮球、钓鱼和书法。这些爱好，曾经给我带来了无穷的乐趣。比如在新华书店工作和刚进说唱团的那些年，我就是典型的球迷，现在也是，只是年岁大了以后，自己不能够亲自上场了，不过我还是关注每场大的赛事，只要允许，几乎都不会错过欣赏。篮球、足球、乒乓球等，没有不喜欢的。当时，有球就看，得着机会就打。因为这些锻炼，使我的身体非常结实，精力也因着体育锻炼而变得旺盛。

我属于那种干工作不要命，锻炼也不要“命”的人。只是“文化大革命”那些年，我靠边站，挨斗，去干校，才中断了对球类的喜欢，并且在那些年里终于得上了“腰疼”，不能够打球了，但是，这不影响我一如既往地看，是个铁杆儿的球迷。如果说个“之最”：足球第一，

马季在钓鱼

篮球第二。

记得我在北京，还没有电视的时候，只要有球赛，也不管是哪儿跟哪儿打，走着，我也要去看。1987 年，我病在长沙，后回北京阜外医院，这个医院离我当时的家不远。在病床上躺了有几个月了，一天晚上，我知道电视要转播一场足球赛，我就琢磨着跑回家去看足球。晚饭后，瞒过医生和护士，溜到家来了。可这事，吓着了家人，也吓着了医院。

最爱看美国职业篮球赛，NBA，就是棒，不服气不行。球场上的

马季在钓鱼

悬念，相声的“包袱”，都有相同的地方：激动地等待。比如篮球场上的扣篮、足球射门刹那，都像相声舞台上的“现挂”，精彩得令你精神焕发、拍案叫绝。

爱上钓鱼的事儿，可以追溯到“文化大革命”时期。

当时，住在甘家口，不远就有个八一湖，鱼挺多。那时，被批判，没有人搭理，就专找个没人的地方，自己呆着去。批斗完了，就去湖边坐着，见鱼儿在水里游动，突然就想钓。思想压力可以压死人。“两耳不闻烦心事，一心只盼鱼咬钩”，钓鱼解千愁。鱼竿儿哪找啊？那时候，钓鱼属于“资产阶级的玩意儿”，不好找。赶巧，一个旧货商店里面放着一根手工做的鱼竿，有四节长，管他呢，买！怕人瞧见不是？插袖筒里，咱直着胳膊回家，练“坐飞机”，为配合“红卫兵”的“再教育”啊。

我得过肩周炎，一犯病，胳膊疼，吃饭、穿衣、按开关，都困难。自从钓鱼后，肩周炎好了，相声节目也写得顺手了，惟一不顺的是“文革”时期的交代材料，至今都没编出来，倒是别人给编了些。吃不了苦，钓不好鱼。一次钓鱼，跟人家约好，钓鱼地点黑山扈。说好早三点半起来，要走几十里，才能到地方。结果看差了点儿，早起来一小时，怎么走，天就是不亮。仔细一看点儿，错了，坐在野地里等着吧。一个巡逻的人过来，大喝：“干什么的？”

“钓鱼的，起猛了。”

还有一次去农村钓鱼，遇上一位老太太，问我：“瞧着眼熟，是不是说相声的马季？”

我正想回答，老太太又说，“不对，电视里那个马季镶着大金牙，你没镶金牙！”

我门牙缺了一颗，老太太从电视里看成镶了“金牙”。

钓鱼这爱好，物我两忘，两头不亮。来时天不亮，回时刚没亮。刮风下雨，太阳晒，虫子咬，饿了，渴了，得忍着，钓不好鱼，还得和爱人闹闹脾气……事儿多着呢。有段时间钓鱼成了瘾，像鸭子见水就想下。比如我和夫人就因为钓鱼红过一回脸儿。现在，年岁大了，夫人知道了钓鱼对老年人身体有益，有时还动员我去过过瘾呢。有意思的是，我钓鱼，不爱吃鱼，这鱼刺吐不好，被鱼刺卡住过，差点儿开刀，正是“钓迷之意不在鱼”。每次钓的鱼，几乎都送给了街坊邻居，换回来一通夸赞。

从“写字”到“书法”，闲来无事学涂鸦。“鸦”没涂多少，字倒写了不少。

老实说，小时候父亲强迫我练过字。父亲读不少古书，写一手好字，尤其魏碑，他的朋友都很看重。可我从小好玩，不爱念书，更静不下心来写毛笔字。父亲要我临帖，多半敷衍了事，最高标准是不挨骂，因此这字也就没怎么有出息。

给我体会，要我决心练字是因为签名。在六七十年代还不太流行签名，第一个找我签字的人，是一位观众，他拿着笔记本，手在哆嗦；我呢，怕自己写不好，拿着钢笔，手也在哆嗦。

这件事后，我觉得以后这样的事会很多，真的有一天，有更多的人找你签名什么的，字太难看了，不更对不住喜欢要你签名的人吗？当时就下狠心，把字练好。以后，就开始注意“书法”。出差什么走在哪，哪有字，就去看，仔细看。我学书法，没有正式拜师，但名不见经传却颇具功力的书法家们，在书法艺术上就是我的老师。

1973 年，我在山东一县采访，招待所大厅一幅行草中堂引起了我的注意，署名作者叫徐晖。

我问招待所所长：“徐晖是哪儿的？”

“就在招待所，要不要见？”

书法的作者就在招待所，自然要见。一位青年，身材魁梧。我详细讯问后得知，他就是当地的一个村民，七岁开始跟当地一位老师学

马季与赵本山

写字，他的书法在当地小有名气。这样的人才，连个固定工作都没有，肯定不利于他的前途，实在可惜。当地的县委书记，我见了，说了这事，可那书记不以为然，当然也不会来重视这个人才。后来，在德州，我找管文教的地委副书记谈起此事。这位副书记趁出差机会，看了徐晖的书法作品。不久，徐晖被调到德州，安排在地区公安处……他来北京的机会多了，也就有了让我请教的机会。而把写字当成“书法”来看待，是1987年大病以后，接着腰病、腿病、心脏病、糖尿病等全来了，这个时候，禁忌就特别多。比如除了饮食，疲劳、受寒、便结、剧烈活动，甚至爬楼，都成了禁忌。练气功，气沉丹田，耳观鼻，鼻观心……初试几次，没一分钟，脑子就溜号，一想，不行啊，长此以

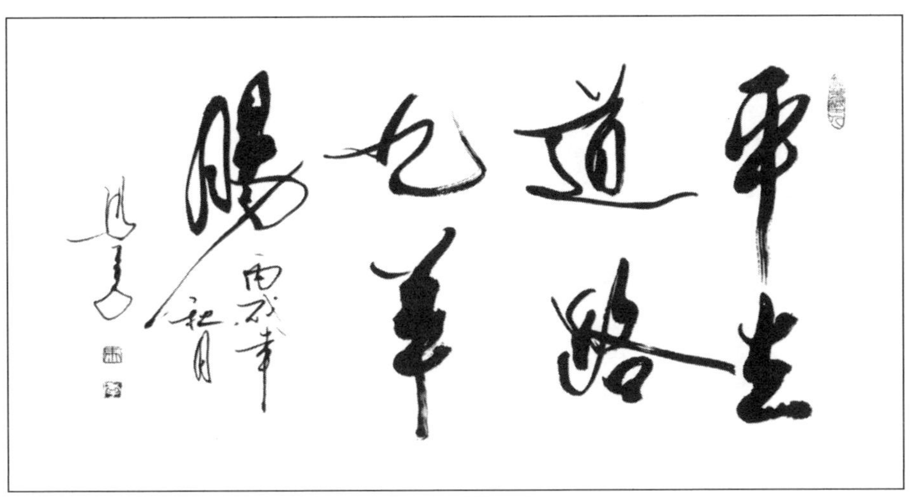

马季书法作品

往，岂不走火入魔？

练字吧，还是轻车熟路，而且书法家长寿。文房四宝备齐，开练。先在毛边纸上练。刚开始，也不容易，不说别的，这毛笔蘸墨汁就够折腾一气的，多了不行，少了不行，黑墨汁弄得哪儿都是。加上站着，几个字下来，腿酸，手腕子酸，汗也出来了。心里还不时老冒嘀咕："别练习了。"这个念头一股一股地往上蹿。好在我性格中还有股不服输的力量，能够控制与坚持。老想着把一件事做好、做得有头有尾。

养病的那几个月，每天饭后都照着帖，一笔一画地临摹，没断过。练字的毛边纸几天就一堆。后来发展到收废品的人就在房子外面等着，见我就问："卖不？"

字进步了，也就不满足在毛边纸上写了，要上宣纸上练练。那时，宣纸 0.35 元一张，这种纸，人家搞书法的看不上，只能我用。书法和

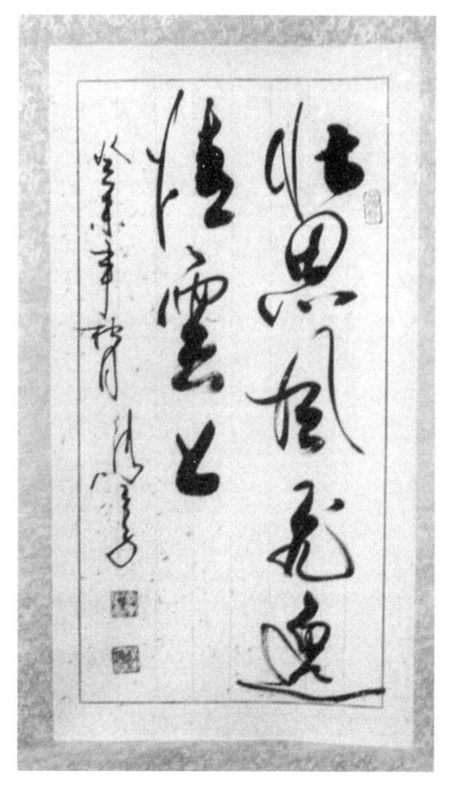

马季书法作品

古典诗词密不可分。练书法过程中，钻研些古典诗词，有关书法的理论，可以说是逼着学的。

有人练气功静心，我发现我是练书法静心。“书如气功。书者，抒也，散也，抒胸中气，散心中郁，故书家得以无疾而寿。”腿不疼、手不酸，最后连写一两个小时，不觉得累。

每写一幅字，得憋着劲，提着气。

20年来，我一直坚持书法。毛笔是中国书画艺术上最厉害的利器，能画细如毫发的线，也能画宽面，变化无穷。毛笔发明年代无确切记载，曾有孟括造笔之说。可是，出土的战国墓帛画《人物龙凤图》上，更早的艺术品上，出现的绘画线条，粗细自如，想必也只能是毛笔留下的痕迹，鼠须毛笔当然最好。人们笑我，一长一短“两竿枪”，长的是钓竿，短的是毛笔。努力就有回报和收获。许多人知道后，要我写，我也就写，有求必应。我笑我自己成了“印刷机”。

那年，全国广播电视系统举办书画大赛，我用榜书写了“笑满春”三字，侥幸入选，还被收藏在民族文化宫；国家 28 个部委联合举办书画展，我的条幅:“毕生都付相声艺，闲来无事学涂鸦”，被收入纪念毛主席诞辰 100 周年纪念册。号称广播系统“十大业余书法家”之一。

书法不仅能增强体质，陶冶情操，宁静和谐、圆通自在的精神和艺术境界也是我的追求。

练字的第一天，我就挖掘书法艺术与相声艺术的内在联系，尽管艺术有诸多门类，但真善美的底蕴相通。领悟书法艺术，与充实相声创作和表演并不矛盾。

1995 年，我和姚新光商量，准备为徐晖在马来西亚举办一次书展。一切筹备工作就绪，可临行前徐晖突然中风，导致半身不遂。我立即在北京联系医院。他在医院只住一晚，第二天也没通知我，就和老伴、儿子悄悄回德州去了。因为医疗费太贵，他怕花公家的钱，又不让我破费……一生中，我有许多朋友，可徐晖是我最为敬重的一位。

书法界还有不少朋友，有些连姓名都不知道，可是他们对我的一片爱心，都总难令我忘却。比如 1987 年，在南京，一次，我在后台写完字，几枚印章让人给“收藏”了。这事被南京《周末》记者获悉，以《马季印章在南京被人“收藏”》为题作了连续报道。消息传出，在

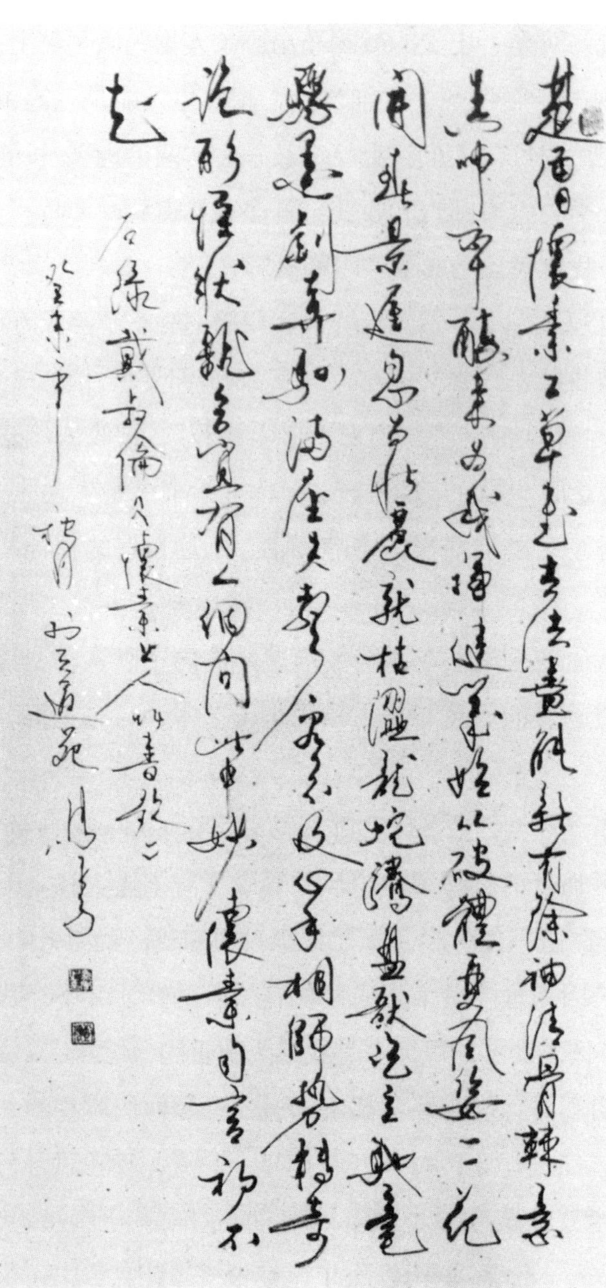

马季书法作品

全国引起反响，好几位篆刻家另刻印章，请《周末》转赠给我。

当时，我正在病中，无法答谢。11 月 10 日，我写信给《周末》，借报刊一角致意：

“在南京失落印章，纯属个人马虎。六省市艺高技绝的篆刻好手，予我每一方印章，已经印在心里，向各位老师保证：一定好好学习，天天向上！”

失掉几枚印章，得到一群朋友！

1994 年，中宣部召开一次茶会，好友王景愚将我引荐给全国书协主席沈鹏老先生。我对沈老说：

“沈老，我对您仰慕已久，很想得到您的指教。”

沈老回答说：“我在潍坊看过你的字，写得不错，像你这样的相声艺术家，热爱书法，难能可贵！”著名书法家刘炳森，生前我很熟，我比他大几岁，见面，他就称“马哥”，一次他对我说：“像你们这样的名演员，钢笔字写流利了，拿起毛笔能够适应就行了。名人的字与画，群众也非常欢迎。”

书法和相声，同是中华民族文化的瑰宝。中国人喜欢，外国人也喜欢，尤其侨胞，对书法艺术有一种特殊的感情。因此，我在马来西亚，当地华人也为我举办过两次书展，在美国也举办过一次书展。

2005 年 11 月 1 日，在北京劳动人民文化宫，又办了一次书法展览，之前没有宣传，但是，还是有许多人从不同的渠道知道了这个消息，一时间，展区人多为患，只好开了另一侧门，门的对面，正好是我的一个大中堂：“俱往矣，数风流人物，还看今朝！”

第十四章

人生的感悟

2003年我70岁生日时，多年的朋友及徒弟们都来了，大家祝贺我的寿辰。借这个机会，我说了几句心里话，表达了我的心情。我说：

“70岁了，今天当着大家的面，我首先可以问心无愧地说，几十年来对党、对国家、对事业、对朋友，我没做过伤天害理的事情，我没有伤害过朋友。但是由于我的性格，由于我生活的局限，由于我对问题看法的不全面，难免在70年与朋友交往当中，使朋友有时候感到不高兴，在此向各位道歉。”

我对赶来祝贺的一些老领导、老朋友说，我尤其要感谢你们，是你们抚育我成长。然后，我对徒弟们说，大家都知道相声界有“马家军”，并且取得了一些成就，像姜昆、赵炎、冯巩、刘伟等等，是你们丰满了“马家军”的名望。这里还要感谢许多人，他们是一直喜爱、支持我的观众，他们用掌声表达了对相声的热爱，他们也是“马家军”的重要成员。然后我也讲到我的家庭，我的夫人，我的孩子，还有我的弟弟，这一生当中，我的家庭为了我的事业做出了很多的牺牲，对此我心里有数，我感谢你们。

说完之后，底下好多人掉了眼泪，说马季说了真正的贴心话。我说这些，除了对领导、朋友、徒弟、家庭表达感谢外，也表达了我对自己这一生的评价。

感悟一

我确实没有伤害过一个人，我也没有在我的徒弟身上，做过什么对不起他们的事情，我做了作为老师应该做的。有人说，一开始马季带着谁谁谁，后来又带着谁谁谁，把一个一个都扶持起来了。我觉得这是做老师的一种责任。有一年我到成都，有一个电视台没有事先跟我约好就来访问我，他们一个人扛着机器，一个人拿着麦克风：“马季先生，问您一个问题，您这些徒弟当中，您最喜欢谁？您最讨厌谁？”我说：“我最讨厌你！”他们不是在严肃地提问，而是在炒作，在制造新闻。

在对待徒弟的问题上，我儿子对我有教育，我们聊天的时候，他跟我讲到这些徒弟，所以现在我才有这个认识。现在的师徒绝不是过去的那种师徒关系，过去的师徒是父子关系，现在的是师徒加同志关系。比如说，过年过节，你非要求你的每一个徒弟，都来家里给你拜年，这是不现实的。过年过节的时候，正是演出的黄金季节，他正在

90 年代初马季在家中

演出的紧张时候，你得理解他。人的一辈子都是这样过来的。岁数大了以后，相对地有了闲暇，但年轻人正是忙事业的时候。在这点上我想得开，我觉得这样才能真正地起到一个老师的带头作用。

所以我说，现在师徒绝不是过去那个样子，旧社会，相声圈里特别重视师承关系，谁要没有拜过师，就只能算“野狐禅”，不仅受同行们歧视，观众也不买账，你就无法在地头献艺谋生。那时师傅收徒，还有许多的烦琐仪式和清规戒律，相声界称为“摆知”。所谓“摆知”，就是把师门各大爷、奶奶、师叔、师兄们都请来，郑重地还得供神焚香，然后徒弟向师傅磕头行礼。完了摆上几桌酒席，于是大家举杯庆贺。举行这种仪式，实际上就是知会各位，某某已正式入了门墙。一旦确定了师徒关系，徒弟就只能“从一而终”，绝不允许“跳槽”。谁要“跳槽”，那就犯了师门的大忌，有如“叛国投敌”那么严重。现在不这样了，从我这讲，哪个徒弟都是一束鲜花献给我，我对他们提几句希望；徒弟也讲希望老师怎么样教育。哪个徒弟进门都是这样，我都对他们讲清楚，咱们是师徒加同志，我年岁比你们大一些，你们叫我老师，好多地方呢我要向你们学习。因为我年岁大了，没你们那么敏感，跟不上时代。我就这样做人，你不这样做人。你就有好多地方不平衡，说句心里话，我徒弟那个出场费都比我高着好几倍，你心理平衡吗？你要是心理不平衡，那就自己找烦恼，用什么安慰自己呢？你已经这么大岁数了，你多少也有点底了，不愁吃不愁穿，孩子也不用你管，就行了。

所以，我给自己定下了十六个字：以玩为主、玩中找钱、玩钱结合、有钱就玩。心理平衡，我提出来的“四老”，老伴，你有一个贤惠的老伴，对你也没什么要求；老底，你有点积蓄、有点底；老窝，你自己有个家，不必寄人篱下，跟着儿子过；老友，有这么多老朋友爱护我，我还不满足吗？

感悟二

我跟侯宝林先生学习，也没有按照过去的礼节拜师。拜师是为了

摄于九十年代末

什么呢？就是要向老师学习和继承本行当的优秀传统。相声这个行当许多的技巧是几代艺术家在不断的实践中积累起来的，缺乏理论上的提炼，更多的是靠口传心授地学习，老师的影响很大。因此，这种师承关系必须继承下来。但是过去的那种纯师承关系也有很多弊端，拜了师父，你就是谁家门的，门户之见太厉害，阻碍了生产力的发展。河北省有一位已故的老相声演员，生前曾找到我家里来，恳求拜我为师。为什么呢？他到天津演出，他说："我们在场上火极了。"但是没有同行的支持，我们没有门，如果入了门，同行再捧着，我们就会从天津火起来。我没有收，为什么没收呢？我只比他大四五岁，我收这徒弟名不副实。

拜师确实有这样的好处，年轻人进了这门之后，就可以在这行当里立住脚跟了。但是门户之见很厉害，过去有一句行话："宁赠一锭金，不送一句春。"我给你一锭金子可以，但我们这门里头的绝活也就是最关键的一句话不能告诉你，技术保密，这就是说门户之见。我马家门有绝活，绝不能让其他家门知道。在台上这叫"宁吃鲜桃一口，不吃烂桃一筐。"不同门派相互之间都有界限。

当然，从正面来说这也是一种版权意识，相声行里确实有这样的问题。我就碰到过这样的事，比如说，我当年创作的《百吹图》是为第二次去香港演出用的。我们第一次去香港演出打响了，第二次再去拿什么节目呢？我考虑写一些中性的节目，内容上不要像在国内表演的段子那样有非常鲜明的主题，因此考虑"吹牛"这个主题，在密云写了一个多月才写出来的，写完之后在国内先试演几场。这时，河北省委副书记高占祥打来个电话："马季，来我们河北省演出一次，大家都有这个要求。"这是首长的意见，我和赵炎就去了，去了演什么呢？就演这个吧，我还没演呢，河北省两个相声同行提着录音机来了，搁在台口就录。这还没正式演呢，他们录音以后自己就演，在电台、电视台一播，我们就没法再演了。于是，我跟赵炎商量：为了维护这个节目，咱们中间核心的地方别说行不行？

当时正值全国相声比赛，这个节目被这对河北演员演出来了，一炮打响，紧跟着录音机一大排，大家都录，因为效果好哇，于是，全国各地“百吹图”，哪都“吹”。我到上海虹口体育馆演出，上一个包袱，没响，又一个，又没响，怎么回事，这个节目不能不响呀？后来一打听，有位同行刚在这儿演完这个节目，连演十场。这就是现实，当时也没有版权意识。相声现在写得少了，跟这个很有关系。相声虽然只是个十几分钟的小篇幅，但我却要冥思苦想一个多月，多少觉不睡弄出来的，哗！就给你弄坏了，你怎么办？连发表的地方都没有，现在只有一个曲艺杂志能发表点相声，过去没改革之前，曲艺杂志叫《曲艺红旗》，发表的都是相声理论。相声作品没有发表的地方，即便给你发表了，一篇相声给你四五十块钱稿费，可是人家谁拿走这个节目演出，却可以发大财。

尽管如此，我仍然反对门户之见，主张在维护版权的基础上与同行多交流，提高相声的创作水平和表演技能。因此，我对收徒弟、拜师有我自己的看法，我觉得继承传统，但是应该去其糟粕、取其精华。从我这一代开始，我绝不建立那种旧式的师徒关系，这是我的观点。我的 17 个徒弟，除去台湾的徒弟，他主动跪下磕头，没有一个举行过那种仪式。那种仪式到现在还有人在收徒弟时举行。

我跟进门的徒弟都要讲，咱们叫师徒加同志，你叫我老师，因为我年岁比你大几年，也许我有经验，我愿意毫无保留地帮助你，把我的经验说出来。沿用一句老话“师傅领进门，修行在个人”，我把你们领进门来，这是我作为师傅的责任，至于进门之后的路怎么走，得靠你自己，历史是你去写。过去是师徒如父子，徒弟对待师傅跟对待父亲一样，我没这种要求，我们是新型的师徒关系。当然我们没有像音乐学院、美术学院、舞蹈学院那种老师教学的基础，这是由相声这门艺术决定的，它没有理论上的东西可教。它一个是靠影响，我这演出你看，看完了不理解，“您为什么这么演？”我给你讲讲是什么道理，这句话为什么重音高一点儿？我对你讲讲什么道理，靠徒弟你用心地理解。我做师父的呢，你在上边演出，下来后我告诉你，为什么不行？怎么回事？我给你讲清楚。

这就是我的为师之道。徒弟可以说：“马季教我什么了？马季什么也没教。”但是我的影响有没有？好。既是师徒又是同志关系，这就是我对相声界师徒关系的看法。

感悟三

相声界的所谓“马家军”队伍很壮大，17个正式徒弟，其他的跟我学过的就更多了！但在培养学生上，我是失败的，我不是一个好老师。因为我对相声的认识和观点没有真正得到贯彻，我一直主张相声演员应该是一边拿笔一边表演两条腿走路，但谁能够真正做到呢？我的一些学生，刚开始还走这条路，但到了后来有了些名望，就不再自己创作了。

他们对我说，创作不能走您的这条老路了，观众不喜欢这样的节目。于是，各种“出新”，甚至杂耍都加进相声里来。这样的东西容易讨好，“走穴”值钱，但这还叫相声吗？有人说，您的徒弟里得意的是这几位，但在艺术上都跟您背道而驰，您是一个失败者！相声是即时性的艺术，但现在谁还在这上面做文章？反映现实，深入生活。我的一个学生说，现在是什么时代，“秀才不出门，便知天下事”——我有

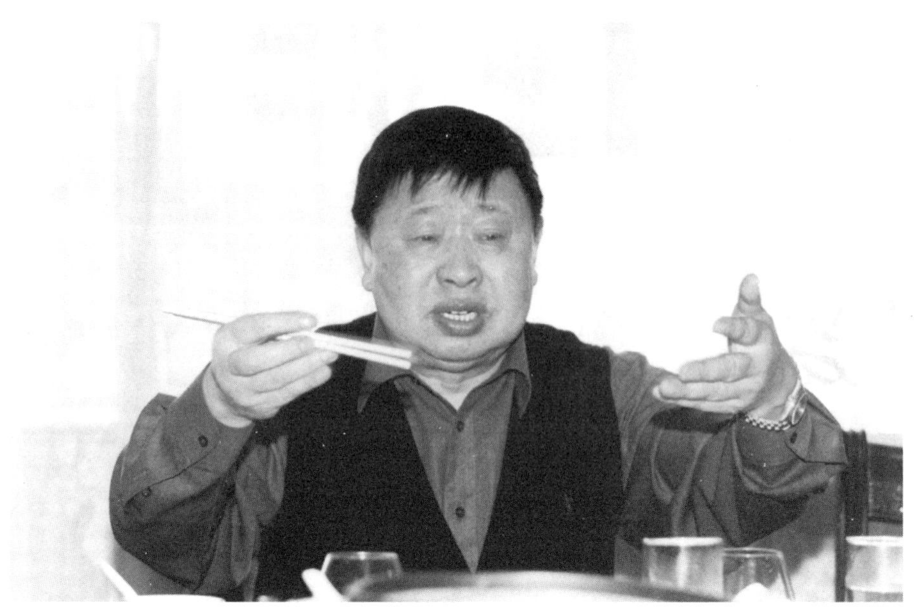

马季在感慨中

电脑！信息化时代，还用他们似的一到农村就待几个月。现在的创作方法就是几个人找一家不错的酒店一住，吃着喝着一侃，一个人用笔记录下来，然后就排练、演出。这种方式能出艺术精品吗？这样的创作能出艺术家吗？《中国文化报》曾经刊载一篇文章认为，现在文化艺术界浮躁，很难出精品。我非常同意这种观点。

我写这本书，意在告诉后人，我从业相声这条路是怎么走出来的，如果你吃不了这个苦，塌不下心来，就找别的路。

传统方法学相声是师傅带徒弟，靠的是口传心授，到今天这个方法还是可以用的，我就是侯宝林、刘宝瑞熏出来的。如果再能加进点儿科学的方法，那就更好了。这个方法来自于实践，也来自于你对相声的真正认识，这点很难。现在让相声家们谈谈对相声的认识，不一定都能说到点儿上。我曾经呼吁过，要彻底解决相声的问题，还要从相声队伍抓起。相声也应该像其他姊妹艺术那样，用科学的方法培养有科学头脑的艺术家。首先要有文化底蕴。

随着文化的普及，大学生已经很普遍了，但我们相声演员都是什么文化基础？虽然其中也有一些硕士，但多为挂名，实际的文化是中学水平。

前些年，有一次我在南京的姑子庙用斋饭，我问老主持，那些端饭小尼姑的来历，主持说，都是社会上招的。需要什么条件呢？本人愿意，高中毕业。我感慨，尼姑都要高中毕业，而我们相声演员招生只要求初中毕业！选拔相声演员不是根据文化底蕴，只要求嘴皮利索，能逗贫！还有一年的全国政协会上，一位大学校长在休息时曾对我说：现在对相声的希望，不是你马季多写一个作品，或是多演一个段子，关键是要把相声演员组织起来提高文化素质。可以请一些语言专家讲讲课。你们不是老说“相声是语言的艺术”吗，但你们的语言功力并不比老百姓高啊！侯先生也说过，相声演员应该随时随地地吸收工农群众最新鲜的语言，这才有时代感。我曾经呼吁相声要提高文化品位。西北有位作家不同意我的观点，撰文说，马季忘了相声“姓”什么。相声“姓”什么？不外乎“姓”老百姓，“姓”群众，就不要文化了吗？

感悟四

常听到说相声的艺术手法是“说、学、逗、唱”，但这个提法我总觉得不科学。我认为这四点不能单列，“说”里要有“逗”，避免相声里有大段的说理、说教；“学”里也要有“逗”，同样“唱”里仍然要“逗”，不能为唱而唱，否则不如去听唱歌、唱戏。我总结几十年表演经验，相声应该是“说、学、唱、表”。但贯彻这点很不容易。相声界缺少一个权威，因此，很多东西就没有了标准。看着相声界存在的种种不正常的现象，我多是心有余而力不足，只能是多从自己身上找原因了。

我在美国看过“脱口秀”节目，十分吸引人。我在政协会上讲，相声要向“脱口秀”学习。一位大学校长同意我的观点，他说，美国前总统里根的儿子是位著名的“脱口秀”演员，他有两个博士学位。侯宝林先生生前对此也是很羡慕，他说，相声演员到台上应该非常自如，尽情地发挥，说大家所想，逗大家所需要的。这靠什么？文化底蕴！

我一直认为相声的教科书，应该在我们这一代人总结出来。前辈艺人有他们的局限性，可我们是生长在新中国的相声艺人，不应该再受传统的思想束缚了。那么为什么，我们没有把相声的教科书弄出来呢，我想和我们这支队伍的文化底蕴有关系。最近，我也参加了第3届CCTV相声大赛评委工作，我非常喜欢清华大学的那对选手，我从他们的身上看到了相声的文化底蕴，同时也看到了相声的希望。但是，再看看评委席上都是年过半百的人，我又对这支队伍有了危机感。

我是不敢坚持真理的人，也不是一个成功者。但是，在相声面临

马季在参加会议中发言

种种困难和衰退的时候，我仍然对她的发展充满了信心，因为我深深地爱着她，人民也需要她。在中国曲协举办的终身成就奖的颁奖会上我有一个发言。不妨就作为本书的结尾吧，我说：

> 我在古稀之年之后，我绝对没有想到还有这样一次机会，能在这里接受大家的祝贺和给予的荣誉。
>
> 我首先应该感谢国家的关怀、曲艺界前辈们的教诲和广大观众给予的厚爱。说老实话，我除去在年龄上具备竞选条件之外，其他方面的条件相距甚远。想起我们相声近两百年的历史，我前面还有六代前辈。他们没有挣过大钱，他们没有得过大奖，甚至

河南开封碑林中的马季塑像（陈修林塑于90年代）

有更多的人默默无闻。但他们把毕生的精力放在相声舞台上，放在茶馆里，放在地头上。他们对相声历史做出了巨大的贡献。没有这些前辈艺人，就没有我们相声的今天。所以我建议，应该把这种荣誉和这些不知名的前辈们共享。因此，我也愿意说，在有生之年和我们相声界的朋友们共同携起手来，为我们相声事业的尊严，为相声的荣誉，为相声曾经有过的辉煌和为了相声光辉灿烂的明天，而站好最后一班岗。

我吃了一辈子相声饭，享受了一辈子相声的乐趣。因此我应该用一颗纯洁的相声之心忠于自己的相声大业。我愿意，不管在任何情况下，毫不动摇地做一个真正的相声人！